白鵬の脳内理論

9年密着のトレーナーが明かす「超一流の流儀」

まえがき

あなたは「横綱白鵬」にどんな印象を抱いているでしょうか。

優勝回数も白星の数も史上最多。土俵の上では妥協なく勝利を追い求め、厳しい相撲で白星をつかみ取り、追い上げてくる力士たちの壁となって立ちはだかる。そんな圧倒的な数字や、画面を通して見る姿から、超人的な素質に恵まれた、雲の上の存在のように感じている人が多いのではないでしょうか。

私自身、かつてはそうでした。

私が横綱のトレーナーを始めたのは今から9年前、平成24年（2012年）11月のことです。それまで、テレビなどを通じてしか横綱を知らなかった私が、雲の上の存在だった横綱と、いきなり身近に接するようになったのです。最初のうちは、存在感に圧倒されました。稽古場に一歩足を踏み入れるだけで、場の雰囲気がピリッと引き締まる――その姿は、オーラに満ちていました。トレーナーとして接する横綱の体は、筋肉の質も量も、他のスポーツの一流アスリートと比べても抜きん出ていました。圧倒的な素質に恵まれた、一般人とは違う存在なのだと実感しました。

同時に、それとは違う、意外な横綱の姿も見えてきました。普段の横綱は、気さくで、明るく、偉ぶったところはまったくありません。付き合いが長くなるにつれて、私にも心を開き、正直な心の内を見せてくれるようにもなりました。些細なことで無邪気に喜び、悲しみ、悩み、苦しむ。そこには雲の上の神様ではなく、人間的な魅力に満ち溢れた横綱の姿がありました。

そして、人間的な姿の中にこそ、横綱の強さのほんとうの理由があることに気付きました。それは、相撲に対する姿勢です。どうすれば強くなれるか、次の取組に勝てるのかを、真摯に、妥協なく、自由な発想で、とことん考え抜き、実行しているのです。稽古や本場所の取組はもちろん、朝起きてから夜寝るまで、日常生活のあらゆる場面に及びます。そこまで相撲に打ち込んでいるからこそ、横綱は恵まれた素質を花開かせ、数々の大記録を打ち立てることができたのです。

そんな横綱の姿から、私自身がたくさんのことを学びました。横綱にとっての相撲を、自分の仕事や生活に関するあらゆることに置き換えると、学ぶべきことがたくさんあったのです。横綱ならこれをどう受け止め、何を導き出して、どう行動しただろうか。いわば横綱の『脳内理論』を私自身にあてはめて考え、行動を変えることで、毎日が充実したものになりました。そして、それは私だけではなく、広くたくさんの人々にも通じるに違いない。だから、皆さんに伝えたい――それが、私がこの本を書いた動機です。

図らずも、本を書くための貴重な資料となったのが、横綱と出会ってから今まで書き続けてきたノートでした。トレーナーとして横綱の体をケアするのに役立てるために、横綱の行動や言葉などから心に残ったことを書き留めたものです。気付けば12冊に達しました。考えを整理してまとめたものではなく、印象に残った出来事や言葉を、半ば本能的に殴り書きした、まさしく「メモ」なのですが、それだけに、当時の出来事や横綱の表情、私自身の気持ちが、昨日のことのようにありありと思い出されました。そうしてまとまったのが、この本です。

『脳内理論』というタイトルから、超人的な強さを見せつける横綱の、超人的な発想法などをイメージされた方もいるでしょう。そんな方は、この「まえがき」を読んで、肩透かしを食ったような気がするかもしれません。ここで記されているのは、シンプルで、誰でも真似できるような考え方だからです。しかし、そこにこそ横綱の強さの秘密があると、私は思います。この本が、皆さんの横綱に対する目や、相撲を見る目を変え、皆さん自身の生き方を変えるきっかけにもなると、私は確信しています。

大庭大業

目次

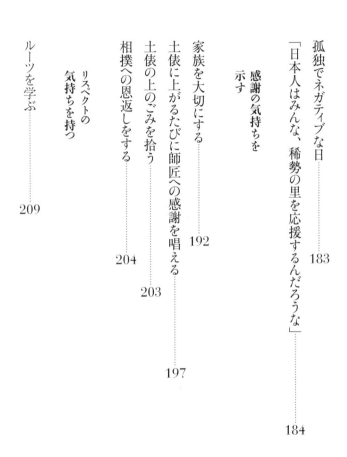

装幀　神田昇和
写真　大庭大業、NHK大相撲中継、大鵬企画、ベースボール・マガジン社
編集協力　十枝慶二、門脇利明

第一章

「弱さ」を認める

自分の弱さを認め、
さらけ出しながら、
前を向いて最善を尽くす

「自分は弱いね。だから努力する」

「自分は弱いね」

「どうしてこんなに弱いのかな？」

私のメモには、そんな横綱の言葉がいくつも並んでいます。

そう聞いても、おそらく、額面通りに受け取らない人が多いことでしょう。

何しろ横綱は、歴代最多の１０００以上の白星を積み重ね、優勝回数も前人未到の40回の大台に乗せている、「最強」の力士です。そんな横綱が「自分は弱い」なんて言っていると聞いても、皮肉にしか思えません。「本当にそう思っているの？」「謙遜しているだけでしょう」「心にもないことを言っちゃって」と疑うのも仕方のないことです。

私自身、正直に言って、最初は、軽い気持ちでその言葉を聞いていました。口に出して反論することはなくても、心の中では、「本心ではないだろうな」

という思いを抱いていたのです。

しかし、何度もその言葉を耳にするうちに、私にはだんだんわかってきました。横綱は決して謙遜しているわけではありません。心からそう感じて、口にしているのです。そして私は、そう口にできることこそが横綱の「強さ」を支えているのだとも感じるようになりました。

横綱が「弱い」という言葉を口にするのは、決まって、本場所で負けた後です。あれだけ強い横綱ですから、負けるのは1場所で1～2回。多くても3～4回。1回も負けないことだって何場所もあります。

滅多にない機会ではありますが、その時に、横綱は「弱いね」と口にするのです。

そして、私はそんな時、横綱が、こんな言葉を続けることに気付きました。

「自分は弱いね。だから稽古する。だから努力するんだよ」

この「だから稽古する」「だから努力する」という部分にこそ、横綱の「強さ」の秘密があるのだと私は思います。

白鵬関ほどの力士となれば、負けた後、「自分が弱いから負けたんじゃない」と考えても不思議はありません。実際、たまたま足を滑らせたりして負けることもあるはずです。だから、「自分は強いけれど、たまたま負けた」と考えることもできます。そうした、いわゆるポジティブ・シンキングを、勝負に勝つために必要とする考え方もあるでしょう。くよくよ思い悩むよりも、自分に自信を持ち、気持ちを切り替えて明日に臨んだ方が、自分の力を十二分に発揮して、よい結果を残せるというわけです。

しかし、こうした考え方は一方で、自分への過信にもつながりかねません。「強いのにたまたま負けた」のであれば、自分のパフォーマンスを十分に発揮すれば勝てるのですから、特別な努力もしなくていいといえます。

一つの黒星に対する横綱の態度は、これとはまったく逆です。「古傷が痛む」とか「親指が引っかかっちゃった」などと言うこともありましたが、そんな時でも最後には、「負けた方が弱い」と認めるのです。こうした考え方は、マイナスに評価すれば、ネガティブ・シンキングともいえます。ヘタをすれば、自分に自信が持てず、パフォーマンスに悪影響を及ぼしかねません。

しかし、横綱の場合は違います。自分が負けた理由を見つけ、「だから稽古しなきゃ」「だから努力しなきゃ」という方向に向かうのです。ある取組で負けた後、帰ってくるなり「クソッ」と言ったきり、食事もとらずに部屋にこもったことがありました。部屋を真っ暗にして布団をかぶり、負けた取組のVTRを何度も何度も見ていたものです。別のところで詳しく書きますが、横綱は、勝つための努力を惜しみません。土俵で行う稽古はもちろん、対戦相手の分析や、自分の取り口の研究など、あらゆる努力を尽くしたうえで、本場所の取組に臨むのです。その原動力となるのが、自分が負けた理由や足りない点を追究し、認める姿勢です。だからこそ、勝つためには努力が必要だと考え、努力し続けられるのです。

もしも横綱が、自分の強さに絶対の自信を持つタイプの人だったら、おそらく1000勝も40回を超える優勝も成し遂げられなかったのではないでしょうか。「弱い」という自覚こそが、白鵬関の「強さ」の原点ともいえるのです。

負け越しからのスタートだった

そもそもなぜ、横綱は自分を「弱い」と自覚するようになったのでしょう。もしかしたら、入門して初めて番付に載った場所、序ノ口で3勝4敗と負け越していることが影響しているのかもしれません。負け越しからのスタートとなり、最初に鼻を折られたことが、もっと頑張らなくてはいけないという、努力する姿勢へとつながったのではないでしょうか。

とはいえ、横綱が自分を「弱い」と口にするのを聞くと、皮肉に感じられてしまうのも仕方のないことです。だから、私は横綱にこう伝えました。「横綱は、自分のことを『弱い』と心の底から思っているんですよね。だから、勝つためにあらゆる努力をするんですよね。でも、それは、ただ『弱い』というのとは違いますよ。横綱は、『勝つことの難しさを、誰よりも知っている』んです。だから誰よりも努力ができるんです。それは『弱い』とは違いますよ」と。

それを聞いた横綱は、ニッコリと笑って「いいことを言うねえ」と気に入ってくれました。「これからは、『勝つことの難しさを、誰よりも知っている』と言おうかな」とも口にしていました。しかし、今でも横綱は、負けると「自分は弱いね」とため息をついて帰ってきます。

本音を吐くことで気持ちを整理する

「先生、ヒジが痛い。どうにかして」

ある取組後には、そう言って横綱が帰ってきました。

長い土俵生活の中で、横綱はヒザ、ヒジ、足首など、あちこちケガをしています。まさに満身創痍です。あちこちが「痛い」のは当然のことかと思います。

6年ほど前、大鵬さんの優勝32回という記録に並び、塗り替えようとしていた時期には、重圧からか、「場所に行きたくない」「行く勇気がない」と口にしたこともありました。当時の私のメモには、「ここ2日、相撲がいやみたいだ。ぶつかるのもいやだ、稽古で当たるのもいやだ（と言っている）」といった言葉も残っています。

負けて帰ると本音が多くなります。「明日勝てる気がしない」と、つぶやくこともありました（実際にはその次の日には勝ったのですが）。また別の日には親方（師匠である宮城野親方＝元幕内竹葉山《ちくばやま》）に、「明日、引退届、出したら受理されますか？」と、冗談とも本気ともつかない調子で尋ねています。横綱の頭の中には「負け」と「引退」の文字が常にあるのだなと思ったものです。

こうした態度は、一般的に、ほめられたことではないと受け止められるでしょう。潔いとはいえず、「男は黙って」といった美学には反しています。そんな潔くない横綱に、最初は戸惑っていた私ですが、次第に、見方が変わってきました。むしろ、「本音」を吐けるのはすごいことだと感じるようになっていきました。

横綱はとても話し好きです。体のケアをしている間、私にいろいろなことを話してくれます。最初のうちは本音を吐くことは少なかったのですが、付き合いが長くなり、信頼関係が育まれるにつれ、話す時間は増え、体のケアが終わった後も延々と話し続けるようになり、本音も口にするようになりました。そして、先ほども触れたように、最後には「弱いな」と認め、「だから、稽古しなきゃ」と口にするのです。おそらく、横綱は、心の中にある弱い気持ちをすべて私に吐き出すことで、気持ちを整理し、明日に向かう力にしているのでしょう。

自分の中の弱さを表に見せず、心の中に収め、耐える姿は美しいかもしれません。そんな姿を他人に見せることは恥ずかしいと思う人もいるでしょう。しかし、その結果、重圧に押しつぶされてしまったら元も子もありません。恥ずかしいことは承知のうえで、あえて自分の弱さを他人に見せ、さらけ出して、それを前に向く力に変える。白鵬関ほどの大横綱が、自分の弱さを、トレーナーである私にだけさらけ出す。そこに私は本当の「強さ」を感じるようになりました。

そう気付いた私は、体のケアをするだけでなく、本音を吐き出させてあげることも、私の役割の一つだと心得るようになりました。ほかの人には言えない、心の中にたまったモヤモヤを吐き出すことが、横綱をプレッシャーから解放し、気力を振り絞って土俵に上がり、最高のパフォーマンスを発揮する源になるのだと。

毎日最善を選択するから、調子が悪い日はない

ある時、横綱は、こんなことを言っていました。

「『調子はどうですか?』ってよく聞かれるけど、意味がわからないんだよ」

「調子がいいとか悪いとか、どういうこと?」

最初に聞かれた時は、私の方が、横綱の言っていることの意味がわかりませんでした。調子のいい日もあれば悪い日もある。それは当然のことだと思っていましたから。しかし、横綱から次のような言葉を聞いて、目からうろこが落

ちる思いがしました。

「自分は毎日、最善を尽くしている。
毎日、調子いいと思っている。
やることをやっているから、
調子悪いなんて思って土俵に上がったことがないんだよ」

後から詳しくお話ししますが、横綱には、毎日、必ず行う習慣がいくつもあります。同じことを繰り返すから、今日と昨日との違いがわかります。もしも、昨日より体が重かったり、違和感を覚えたりしたら、普通の人なら、「今日は調子が悪いな」と感じることでしょう。しかし、横綱は違います。「それならこうしよう」「ああしてみたらどうだろう」と、今の状態を受け入れて、決して妥協せず、やるべき今の最善を選択して実行し続けます。それが、横綱の言う「最善を尽くす」ということです。

毎日の取組のために最善を尽くすのは、プロの力士として当然といえるかもしれません。しかし、横綱の場合は、最善を尽くすことに徹底的にこだわり抜いています。少しでも調子が悪いと思ったら、調子が良くなるように持っていきます。そのためのさまざまな方法も熟知しています。汗が多いと思ったら、水分を摂る量を減らしたり、温度を調整したりします。それが、稽古はもちろん、食事や睡眠など、生活のあらゆることにわたります。「調子が悪い」と感じて落ち込んでいることなどありません。毎日、一瞬一瞬のすべてに最高の準備をして、その日の取組に臨むのです。それこそが、横綱の言う「最善を尽くす」ということなのです。

長年、土俵の上で戦い続けてきた横綱は、度重なるケガの影響で、最近、休場が増えてきました。決して、怠けているわけではありません。誰よりも横綱自身が、毎場所、土俵に上がり、横綱としての責任を果たしたいと思い、そのために一日一日を積み重ね、最善を尽くしています。それでもどうにもならない、これでは横綱の責任を果たせないと判断した時に初めて、休場という決断をしているのです。そして、出場すると決めても、休場を決断しても、毎日、勝つためにあらゆることを考えているのは同じです。だからこそ、悔いを残さずに土俵に上がり、白星を積み重ねることができるのです。

そんな横綱の姿から私は日々、たくさんのことを学ばせてもらっています。本来、私はトレーナーとして、アスリートの半歩先を行き、アドバイスするのを理想としています。多くの場合、それができていると自負してもいます。ところが、横綱の場合はそうはいきません。一瞬一瞬、常に最善を尽くしている横綱の姿から、思考力と行動力の大切さを教えられ、気付かされてばかりなのです。正直、付いていくのに必死です。

横綱が力士として、ほかより抜きんでた素質を持っていることは確かでしょう。しかし、それだけでは、１０００以上の白星や、40回以上の優勝という記録を成し遂げられたわけではないと、私は思います。自分の弱さを認め、さらけ出しながら、前を向いて最善を尽くす。そんな姿勢があるからこそ、それだけの強さを維持できるのです。

横綱に限らず誰にでも、調子が悪い時や物事が思い通りにいかない時はあるものです。それでも、決してあきらめずに妥協せずに「最善を尽くす」ことを怠らなければ、前に進む力を得られ、人生は、もっとかけがえのないものになるのではないでしょうか。

第二章

「勝つ」ためのこだわり

自分の体と真摯に向き合う

「〝鬼〟が出てきた」——体と向き合う言葉を持つ

私　「横綱、今日は〝鬼〟が出てきましたね？」
横綱「（ニッコリと笑って）そう？　出てきた？」

これは、本場所中の横綱とのやり取りです。そう聞いても、おそらく皆さんには、いったい何のことを言っているのかわからないでしょう。このやり取りは、横綱の背中の上部にある、「僧帽筋」と呼ばれる筋肉について交わされる言葉です。僧帽筋は首から肩、背中にかけて広がる大きな筋肉です。横綱のような四つ相撲の力士にとっては、廻しをつかんで引き付けたりする時に使う、とても大切な筋肉です。

私は、本場所中、横綱の背中を見ていて、そんな僧帽筋がひときわ盛り上がり、まるで鬼の角のように見える日があることに気付きました。〝鬼〟は、本場所の序盤戦のうちは、姿を現しません。しかし、本場所が進んでいき、体が仕上がってくると、背中に〝鬼〟が浮かび上がってくるのです。横綱の体が充実してきたことの証といえます。それを言葉にして伝えることで、私だけでなく横綱自身も体の充実を自覚し、気持ちを高めて土俵に向かえるのです。

私はトレーナーとして、さまざまなスポーツ選手の体と接してきました。一流選手たちの筋肉には、いろいろな共通点があります。一方で、それぞれの選手の筋肉には、その競技ならではの、他の競技の選手と比べて特に秀でている点があります。横綱の場合、人並外れて優れているのは「ハムストリングス」です。

ハムストリングスとは、太腿の裏にある三つの筋肉の総称で、「半膜様筋」「半腱様筋」「大腿二頭筋」で構成されています。横綱の場合、これらの筋肉が、とりわけ大きくて柔らかいのです。

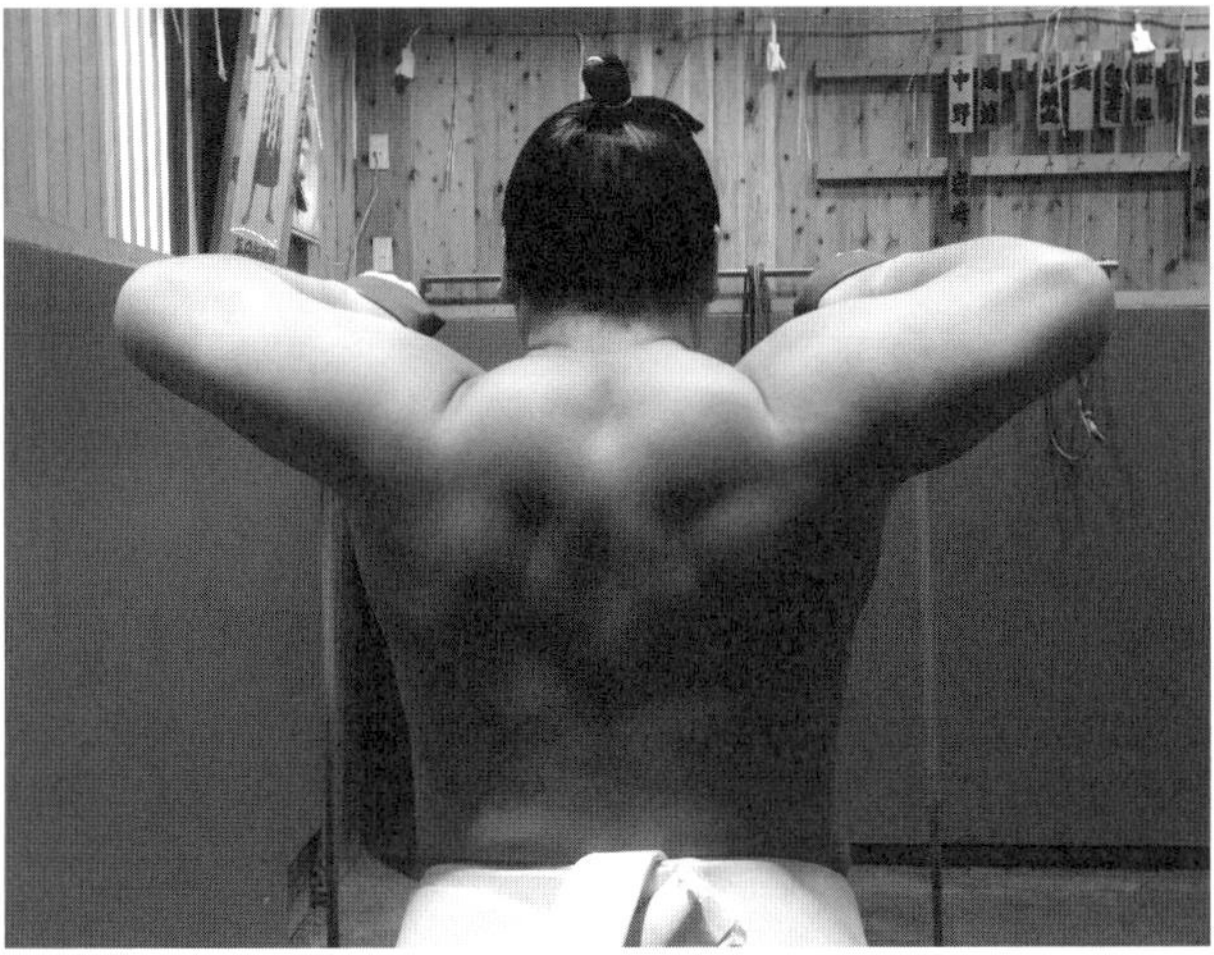

背中に浮かび上がった〝鬼〟。体が仕上がってきた証だ

太腿の周りの筋肉は、体を動かすエンジンのような役割を果たします。表側の筋肉と裏側の筋肉とで大きく役割を分けるなら、ヒザを伸ばす動きの時はおもに表側の大腿四頭筋、ヒザを曲げる動きの時はおもに裏側のハムストリングスが使われるといえますが、人間の実際の体の動きはそう単純ではありません。とりわけ、相撲を取る時には、前に進んで押したり、寄ったりするだけでなく、相手から後ろに押されたり、前や左右に叩かれたり、イナされた時に踏ん張ってこらえたりと、さまざまな動きが求められます。それに応じて臨機応変に筋肉をはたらかせなければなりません。全身の筋肉の中でも、特にその動きの要となるのが、太腿の周りの筋肉なのです。

この超重要な太腿の周りの筋肉というのは、表側と裏側で比べると、ほとんどの人は表側の方が発達している傾向にあります。一流のスポーツ選手といえども同じです。ところが、横綱の場合、表側の筋肉がほかのアスリートと同様、見事に発達しているだけでなく、裏側のハムストリングスが並外れて発達しており、表側と裏側が理想的なバランスになっているのです。しかも、筋肉の質も優れていて、柔らかく、弾力に富んでいます。だから、どんな状況になっても瞬時に反応して、必要な筋肉を素早くはたらかせられます。前に進む出足は鋭いし、土俵際で叩かれてもこらえられるし、押し込まれてもしのいで逆転できる。これこそが、筋肉という点から見た横綱の強さの原動力だと、私は思います。

特に、後ろへの下がり方のバランスがよいのも特長です。その時のヒザの角度が狭過ぎず広過ぎず理想的なのですが、角度を維持できるのは、それに耐えられるだけの強いハムストリングスを持っているからこそです。そんな横綱の体の使い方について、私はメモに「足が土をかめている」「股関節からしなるような動き」などと書いています。

また、骨盤周りにある、上半身と下半身をつなぐ筋肉「大腰筋《だいようきん》」が大変大きいことも横綱の強みです。体の要といわれる腰が非常に強く、ぶれのない安定した動きにつながっているのです。

私は、横綱の筋肉と、本場所の15日間、一日に4回、向かい合っています。朝、稽古の前に行うのが、体を起こすためのマッサージ。稽古が終わり、ちゃんこを食べた後、昼寝をする前に行うのが、腰を中心としたマッサージ。昼寝の後、大銀杏を結いながら行うのが足裏のマッサージ。そして、夜、取組の後には、1時間半くらいかけて全身をじっくりとマッサージします。多い時にはさらに1回加わり、一日5回の時もあります。これが15日間続くのですから、体はヘトヘトになります。

そして、筋肉の状態は毎日同じではありません。特に本場所中の横綱の筋肉は、序盤のうちはそれほどでもありませんが、場所が進むにつれて次第に目覚めるようにはたらき始め、見た目にも盛り上がってくるのがわかります。先ほど紹介した、背中の〝鬼〟、つまり僧帽筋もその一つですが、盛り上がるのは僧帽筋ばかりではありません。ハムストリングスをはじめとするさまざまな筋

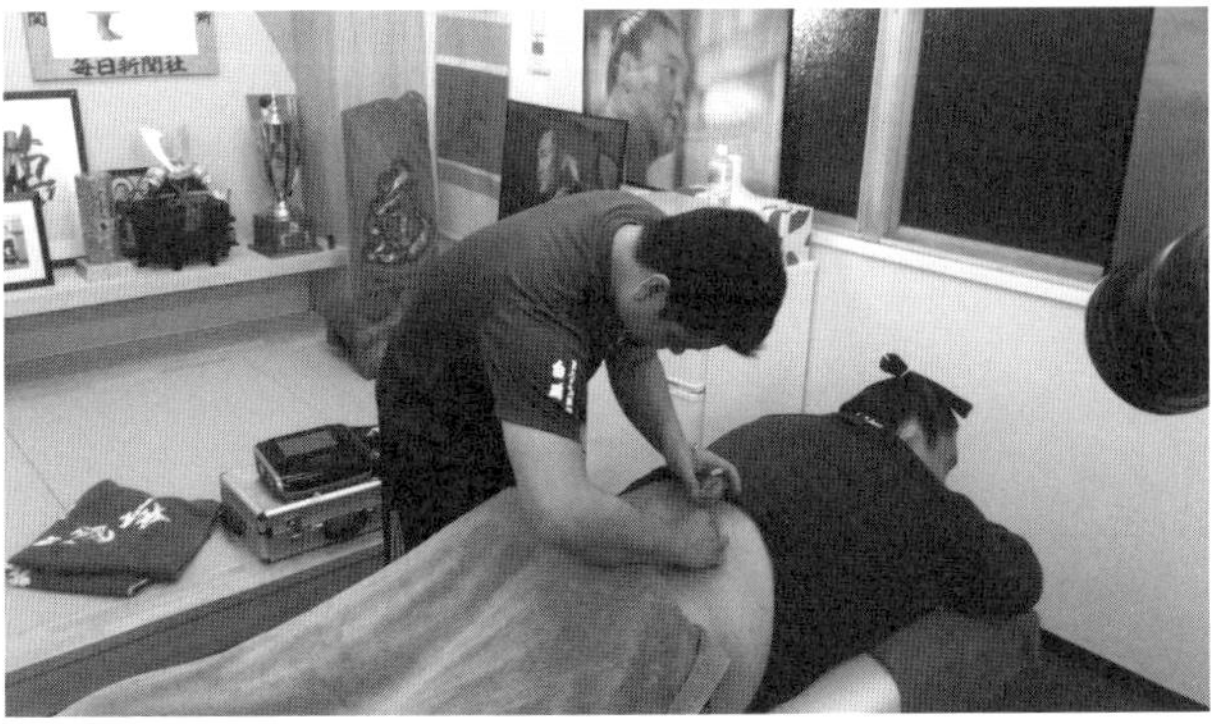

白鵬の体をケアする著者。鍼を刺す時、白鵬は、即座に反応して誰よりも大きな声を出す。体に入った鍼は、まるで筋肉に噛まれたかのように曲がってしまうという。「普通では考えにくい未知の反応」と著者は驚きを隠さない

肉が盛り上がってきます。横綱はこの状態を「立っている」と表現します。私が、「横綱、今日は盛り上がってきましたね？」と伝えると、横綱はうれしそうに、「うん、立ってるね」と答える——そんなやり取りは、〝鬼〟と同様、横綱の体が仕上がってきた証拠といえます。

ただし、「立ってきた」筋肉は、私にとっては強敵です。力を入れなければマッサージできず、指が壊れるのではないかと思うほどです。まるで〝鬼退治〟に行くような覚悟が必要です。

ここで強調したいのは、横綱がこのように優れた筋肉を持っているという事実そのものだけではありません。自分の筋肉の状態にまでしっかりと意識を向け、その変化を敏感に感じ取っていることです。筋肉が「立っている」というのは、私の言葉ではありません。横綱が自分の筋肉について、自らが感じるままに発した、オリジナルの表現なのです。ほかにも「（筋肉が）ジューシーになってきたね」と表現することもあります。自らの体とこれほど真摯に向き合い、豊かな言葉で表現する力士は少ないと、私は思います。

表現する力を大事にしているのは、つい最近の会話からもわかります。横綱の体をマッサージしていた時のことです。

私　「筋肉が膨れそうな（大きくなりそうな）感じがします」

横綱「〝膨れそう〟じゃなくて、〝膨れる〟。そう言ってよ、寂しいじゃん。〝膨れそう〟って？　〝そう〟って何？」

筋肉が「膨れそう」と曖昧な言い回しをするのではなく、「膨れる」と、言葉をポジティブにしておきたい。体にしっかり向き合う横綱だからこそ、いつでも極力前向きに、体の状態を認識したいということでしょう。

横綱はよく、自分の体は「ギフト」――贈り物だと言い、感謝の心を忘れません。それは、両親への感謝であり、神様への感謝でもあるでしょう。そんなギフトである自分の体に対して、自分のものであって自分のものではないような感覚を抱いています。だから、横綱はよく、自分の体に語りかけています。ヒザに手を当てて、「今場所、ここまでよくもってくれたね」と労うようにさすったりしています。それは、自分の体を客観視していることの表れとも取れるでしょう。私自身も、マッサージをする時、体のあちこちに向かって、「今日も横綱のこと、よろしくね」と心の中で話しかけるようになりました。横綱の在り方を目の当たりにして、学ぶべき姿勢だと感じたからです。

横綱は、稽古の初めにウォーミングアップする時、入念に体のあちこちを叩いています。私には横綱がその時、「稽古をするから起きてね」と体に語りかけているように感じられます。違和感を覚えた時には、ストレッチなどをして調整することもあります。こうして体のあらゆるパーツをチェックして初めて、四股を踏み始めるのです。

横綱の筋肉の素晴らしさは、先天的なものなのかもしれません。しかし、私は、そんな素質以上に、自分の体と真摯に向き合う姿勢にこそ、横綱の強さの秘密があると思います。皆さんも、自分自身を支えている体を労い、もう一人の自分として捉えて、大切にしてみたらどうでしょうか。

五感を研ぎ澄ます

テッポウの「重さ」は日によって違う

横綱が注意を払っているのは、筋肉だけではありません。さまざまな場面で自分の体と向き合い、五感を研ぎ澄ませて体の状態を知ろうとしています。

そうした姿勢がよくわかるのが、相撲に挑むための「準備」、さらに言えば「準備のための準備」の周到さです。相撲の稽古における準備運動に当たるものとして、四股、テッポウ、スリ足などが挙げられます。こうした準備の一つひとつに、最初から全力で臨むことはせず、ゆっくりと入って、次第に力を入れていきます。少しずつ、体をほぐし、温め、自分の体を確認しながら臨むのです。

例えば、「テッポウ」は、両手で柱を左右交互に押す動作を繰り返します。突き、押しという相撲の基本の一つの形を身に付け、威力を高めるといった狙いがあります。横綱は「テッポウは手の四股」と、その大切さを表現します。

そんなテッポウで汗を流しながら、私にこんなふうに言うことがあります。

「重くなってきたね」

テッポウは相撲の稽古の基本です。毎日毎日、同じことを繰り返します。その動作は体にしみつき、考えなくても自然に体が動くはずです。

ここで横綱は、同じようではあっても、日によって、手から柱に伝わる「重さ」の違いを感じているのです。

さらに、重さが増せば、相手に伝わる威力は大きくなります。重さを感じる手掛かりは、押す手の感触だけではありません。押すたびに響く「バチン」「バチン」という音。その音が日によって微妙に違うことを感じ取っています。それを聞き分けて、「重くなってきた」と体感しているのです。

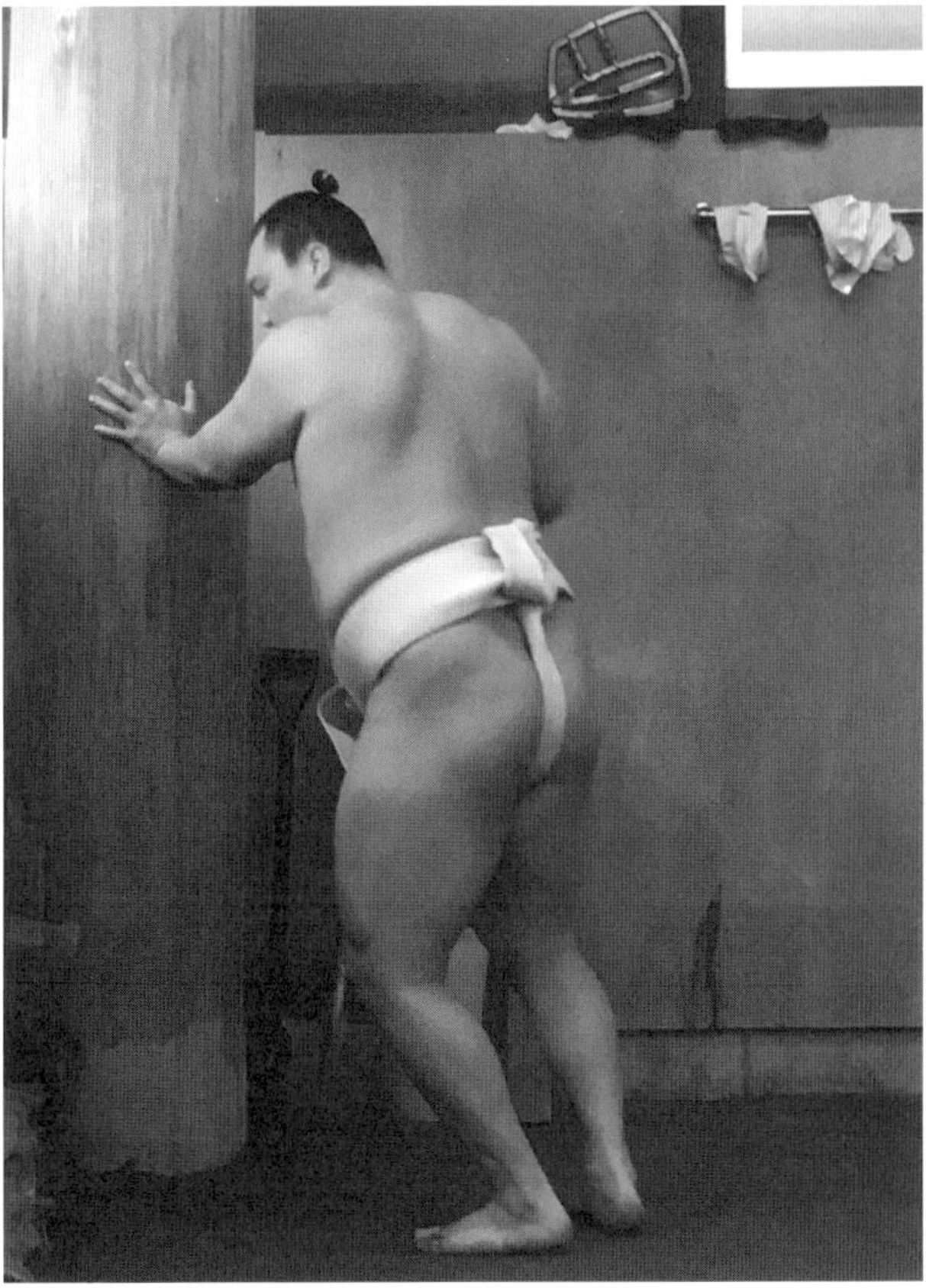

稽古場で入念にテッポウを繰り返す

スリ足の音に耳を傾ける

「音」が重要な手掛かりとなるのは、テッポウだけではありません。両足で左右交互に地面を踏む「四股」でも、地面を踏む瞬間の「ビシッ」「ビシッ」という音のわずかな違いから、自らの体の様子を察知するといいます。

両足裏を地面から離さないまま、左右交互に進ませる「スリ足」でも、「ススス」という足裏から発せられる音の違いに神経を研ぎ澄ませています。その際、横綱は、上がり座敷から稽古を見ている私の方を見やることがあります。それを合図に、私がスリ足の跡を見てみると、きれいにえぐれていて、しっかりと足指が土俵を噛み、まさしく土俵を擦っていることがわかります。その場面を見て以来、横綱のスリ足に耳を傾けるうちに、私自身も音の違いが何となくわかるようになりました。

横綱ではなく、同じ部屋の炎鵬関のスリ足の音を聞いていて、「いい音して

立ち合いの親指の跡。スリ足だけでなく、立ち合いでも跡が残る

るな」と思い、炎鵬関本人に、「今のスリ足、いい音だったね」と伝えたことがあります。すると、炎鵬関は戸惑ったような表情で、「え？　音っすか？」と返してきました。

スリ足の音にまで配慮する力士は、横綱のほかにはなかなかいないのかもしれません。

横綱が五感を研ぎ澄ませるのは、自分の体や稽古に限らず、身の周りのあらゆることに及びます。例えば、お茶を飲む時、黒いコップに入れることを嫌います。お茶の色がわからなければ、濃さなどの情報を読み取れないというのです。自分の汗をなめて、味を確認することもあります。

これらは、小さい頃の環境のもとに育った感覚なのかもしれません。横綱のお母さんは医者で、体に影響を与えるさまざまなことに敏感でした。モンゴル相撲の大横綱だったお父さんも感覚が鋭く、やはり汗をなめることもあって、その行動を横綱はよく見ていたそうです。また横綱は子供の頃にモンゴルの大自然の中で遊んでいました。草原の風を感じたり、木々の匂いを感じたりしていたことも、関連があるのかもしれません。

こんなこともありました。手術を受けた横綱が病室に花を置きたいと言い、付け人が買っていくと、包んでいる透明のビニールを外して、花を見えるところに置くようにと伝えたのです。

「生きたパワーが欲しい。パワーをちゃんともらいたい」

そうつぶやき、横綱は深く息を吸い込みました。そんな姿から私は、一日でも早く土俵に上がりたいという思いの強さとともに、横綱が、自然から力をもらうという感覚を大切にしていることを改めて感じました。

いつも横綱の隣にいる私も、目に見えない力を大切にし、横綱の鋭い感性とつながるようにしています。例えば、地方場所などでは、横綱が起きて出かけた後、部屋の窓を開けて換気をします。東洋医学では、人間は、寝ている時の呼吸で、悪い気を出して体をリセットするとされます。窓を開けずにいると、悪い気がこもり、次に横綱が部屋に戻って昼寝をする時に、それを吸って疲れが残ってしまうのではないかと考えているのです。空気を清めることは横綱も大事にしているので、好きなお香をたくこともよくあります。枕に太陽の光をあてて、自然の気、パワーを枕に宿すことも心掛けています。

また横綱は、初日前夜には必ず瞑想して、ろうそくの炎を見ます。九州場所の時などには、毎日露天風呂に浸かりながら焚火をして、その火を見ながら、手で熱を体にこすりつけるようにしています。「火のパワーをもらう」のだと言います。

このように、自然の力を強く信じるのは、モンゴルで過ごした小さい頃からの記憶が影響しているためではないかと思うのです。とはいえ、五感を研ぎ澄ませ、そこからさまざまな情報を得ようとするのは、横綱の感覚が特別優れて

九州場所では毎晩、露天風呂に浸かりながら炎を見つめる

いるからだけではないでしょう。なぜなら、先ほども触れたように、私自身、意識してスリ足の音に耳を傾けることで、違いがわかるようになったからです。

さまざまなことに感覚を研ぎ澄ませれば、身の周りのたくさんのことから、それまで気付かなかった情報を取り入れることができるはずです。意識することで、ものの見方が変わり、新たな発見も生まれるものです。

あらゆることに
工夫をこらす

テーピングの巻き方を対戦相手によって変える

横綱のこだわりは、相撲に関するあらゆることに及びます。

例えば、テーピング。手足の指などにテーピングを巻くことは、土俵で足を滑りにくくしたり、ケガを予防したりするために大切です。横綱は、その巻き方を対戦相手によって変えています。長い相撲になりそうな相手の場合は、手のテーピングの巻き方を緩くしています。なぜなら、長引いても手がしびれないようにするためです。滑らないようにするためには、足の親指のテーピングを、いつもより一巻き多く巻くこともあります。「土を噛むのを意識したいから」と横綱は説明していました。

例えば、廻し。廻しも対戦相手によって、緩めたり、きつくしたり、締め方を変えています。

例えば、蹲踞《そんきょ》。両カカトをつけて両足先を開き、ヒザを左右に開いた状態で

相撲の基本姿勢「蹲踞」にも新たな工夫を取り入れている

背筋をまっすぐにしてしゃがみ、両手をヒザの上に当てる、相撲の基本姿勢の一つです。両力士が、立ち合う前に仕切り直しを繰り返す際、土俵中央で見合う時に行う、あの姿勢です。横綱はそんな蹲踞に、ある工夫をしたと言っていました。

「蹲踞の姿勢でカカトをちょっと高くして、手をリラックスさせるんだよ」

蹲踞は、あくまでも相撲を取る前の、いわば儀式的な動作です。そこにちょっとした工夫を加えたことで、相撲に大きな影響があるようには思えません。しかし、横綱はそんな細かいことにもこだわり、手がリラックスできることに気付きました。そうした状態で取組に臨むことで、相撲に少しでもプラスになると考え、取り入れているのです。

どんな立ち合いをするか考え抜く

とりわけ工夫をこらしているのが立ち合いです。立ち合いは、勝負を左右するといわれるポイントです。横綱は立ち合いに、右差し、左上手を狙うほか、突っ張り、張り手、カチ上げなど、さまざまな引き出しを持っています。対戦相手との過去の取組や、その場所の様子、自分自身のこれまでの相撲などの情報から、どんな立ち合いをするか考えるのです。それは実に細かいところにまで及びます。足の位置を仕切り線からどれくらいの距離に置き、両足をどのくらい広げるか、手の位置を仕切り線のどのあたりに下ろすか。その時、親指はほかの4本の指で握るのか、それとも外に出すのか、などにまでこだわります。

いくら立ち合いが重要とはいえ、これほどあらゆることを考慮し、工夫して臨んでいる力士はほかにいないと思います。それは、実際に白鵬関と対戦した力士の誰もが感じていることでしょう。

自分でできることは自分で行う

日常の体のケアでも、横綱はさまざまな工夫をしています。

眠る時には、パンツのふちに手をかけます。両ヒジに関節ねずみ（軟骨がはがれ、関節内を移動するようになったかけら）があり、ヒジがまっすぐに伸びず、伸ばすと痛みがあるため、伸びないように工夫して腕をセットしているのです。ちなみに相撲を取る時にヒジにサポーターを付けているのも、腕を伸ばして眠れないほど痛みが慢性化しているためです。

また、ある時、いつもより首や肩のコリが少ないことに気付いた私が尋ねると、「浴槽の角に首を当てて、お湯をかけながらぐりぐりしているから」という答えが返ってきました。このように、トレーナーの私に任せきりにするのではなく、横綱は自分でできることは最大限工夫して行っているのです。

満足したら、進歩は止まる

土俵入りがうまくいったことがない

こだわりは、横綱土俵入りにも及んでいます。

土俵入りで腰に締める横綱の由来にはさまざまな説があります。中でも有名なのが、平安時代、ハジカミという強豪力士が、大阪住吉大社の注連縄《しめなわ》を腰に巻いて相撲を取り、相手がこの注連縄に触れたら自分の負けでいいと豪語したという伝承です。その横綱を締めた土俵入りが初めて行われたのは、江戸時代の寛政元年（1789年）、富岡八幡宮（東京都江東区）で谷風と小野川が披露したもので、その後、長い歴史を経て、現在のような形に定まりました。

不知火型《しらぬいがた》と雲龍型の二つがあり、土俵中央で腰を下ろし、次第に立ち上がっていく「せり上がり」と呼ばれる所作で、不知火型は両手を広げ、雲龍型は左手を脇に当て、右手は広げるという違いがあります。また、背中の部分の結び目が、不知火型は二つで、雲龍型は一つという違いもあります。白鵬関は不知火型です。

横綱土俵入りには、四股を踏み、柏手を打つことで邪気を祓い、地を清める意味があるといわれます。綱に挟んで垂らされている5本の紙は「垂《しで》」といい、ここにも邪気を祓う意味があるとされています。

白鵬関は、自ら横綱土俵入りを繰り返し行う中で、その力を体感してきました。とりわけ印象に残るのが、平成23年（2011年）、東日本大震災の際、被災地を巡って行った土俵入りです。津波にすべてを奪われ、失意の中にある被災者の方たちの前で、綱を締めて四股を踏み、柏手を打ち、せり上がった横綱は、自分自身が天から力をもらい、それが被災者の方々の力にもなっていることをひしひしと感じたそうです。

岩手県下閉伊郡山田町で土俵入りを行った時のことです。震災から3カ月が経っていましたが、いまだに余震が続いていました。土俵入りを行う前夜も、繰り返される余震の揺れで、横綱はなかなか眠れなかったそうですが、翌日には、遠くに海を見ながら四股を踏みました。そして東京に戻った横綱に、山田町の担当者から電話があったそうです。

「横綱の土俵入りの後、余震が落ち着き、よく眠ることができました」

この話を聞いて、私は鳥肌が立ちました。横綱自身も感慨深くうなずいて、こんなふうに振り返りました。

「こういうことって、あるんだね。大相撲は、目に見えないもので、この国とつながっていると、確信した瞬間だった」

土俵入りでも、横綱は常に全力です。綱の重さはだいたい20キロほどで、せり上がる時に足の指の皮がむけて血だらけになったこともあるそうです。

ある時、横綱からこんな言葉を聞いて、私は驚きました。

「土俵入り、今まで1回もうまくいったことがないような気がする」

東日本大震災の被災地を巡り、横綱土俵入りを披露した（写真は平成23年<2011年>6月5日、岩手県陸前高田市の高田小にて）

横綱に昇進してから14年間。横綱在位場所数は史上最多です。おそらく、過去の横綱の中で最もたくさんの土俵入りを行っているでしょう。それなのに、1回も満足したことがないというのです。それは、横綱土俵入りとはどうあるべきかを、とことん追究し続けていることの裏返しだといえるでしょう。横綱のヒジは、ケガの影響でまっすぐには伸ばせません。だから、せり上がりで両手を広げる時に、どうしても小さく見えてしまう。そこで、少しでも大きく見えるように、肩の使い方を工夫するようになりました。そのほか、毎場所のように試行錯誤を続けています。こうした姿勢は、相撲に挑む姿勢と重なります。

私たちはどうしても、自分に甘くなってしまいがちです。でも、「これでいい」と満足してしまったら、進歩は止まります。どんなに勝ち続けても、現状に満足せず、上を目指して工夫を重ねる。そんな姿から、私たちが学ぶべきところは多いのではないでしょうか。

第三章

「変わらない」ことの意味

習慣を力にする

「習慣性の法則」

ある日の私のメモに、こんな言葉が記されています。

習慣性の法則

横綱自身が語った言葉ではありません。私が、横綱の言動に接する中から感じ、重要だと認識して書き留めておいた言葉です。

「習慣」という言葉を辞書で引くと、こんな説明が載っています。「同じことを長い間くり返しおこなってきた結果、しぜんにでき上がった生活上のきまり。しきたり。」(『三省堂国語辞典』第七版)。横綱の毎日の言動には、まさしく、この言葉がぴったりと当てはまる「習慣」がいくつもあるのです。そんな習慣を、横綱は日々の生活の中に積極的に取り入れ、強くなるための力にしている。

これを私は「習慣性の法則」と名付けました。

横綱の習慣の一つが、先ほども触れた、稽古の初めのウォーミングアップです。土俵に下り、入念に体のあちこちを叩いて、体に語りかける。大切なのは、習慣として、毎日、同じ作業を繰り返すことです。同じことを繰り返すから、「この筋肉はいつもと違う」と違和感に気付ける。そんな時は、決して無視をせず、ストレッチなどをして調整し、いつもと同じ状態になるようにしています。それができなければ、稽古を回避することもあります。

こうして体のあらゆるパーツをチェックして初めて、四股を踏み始めるのです。この時も、土俵周りで陣取る位置や、回数などが基本的に決まっています。さらに、10回、四股を踏むごとに、土俵の周りを少しずつ移動して、四股を踏む場所を変えてもいます。理由を尋ねると、「目を慣らしたいから」と答えていました。取組中は、土俵の上を動くわけで、一つの個所にとどまってはいません。本番と同じ状況を作ることを心掛けているのです。一定の場所で繰り返すのではなく移動することで、脳に刺激を与え、活性化させる効果もあると、私は思います。場所前に出稽古に行く理由も、「同じ部屋で稽古をしていると、目がそこに慣れるから」だと言います。本場所は急に環境が変わるため、あらかじめいろいろな部屋に行って、目や脳や体を慣れさせています。常に本番を想定した準備をしているのです。また、四股を踏む時は、土俵の中に視線を配り、若い力士たちの稽古を見守っていますから、丸い土俵をさまざまな角度から見ることで、バランス感覚を養うという効果もありそうです。

一つの動きを繰り返す中で、このように横綱はいろいろな工夫を自然としています。四股、テッポウ、スリ足を、大事だと心得て、繰り返す。面白くはないけれども、やめられないと言います。

「毎日やれば効いてくる。感覚が鋭くなってくる。そして、勝つ。だからやめられない」

これをすれば勝てるという確信が、横綱にはあります。当たり前のことをコツコツ続けるのは難しいと、私たちも経験から知っていると思います。それでも、何か少しでも効果を実感できるまで続けてみることで、その行動を習慣として強化していくことができるのではないでしょうか。

朝日を浴びて目覚める

横綱は、こうした習慣を、稽古に限らず普段の生活でもいくつも持っていて、厳しく守っています。

それは、いわゆる「ゲン担ぎ」とは違います。力士の場合、ゲン担ぎでよく使われるのが、ちゃんこです。相撲部屋のちゃんこの材料は鶏や魚のつみれが多いのですが、これは牛や豚など四つ足動物のように、土俵で手を付かないためにという願いからです。横綱も、勝っている時は同じ着物を着たり、同じ道を通ったり、ゲンを担ぐことはあります。

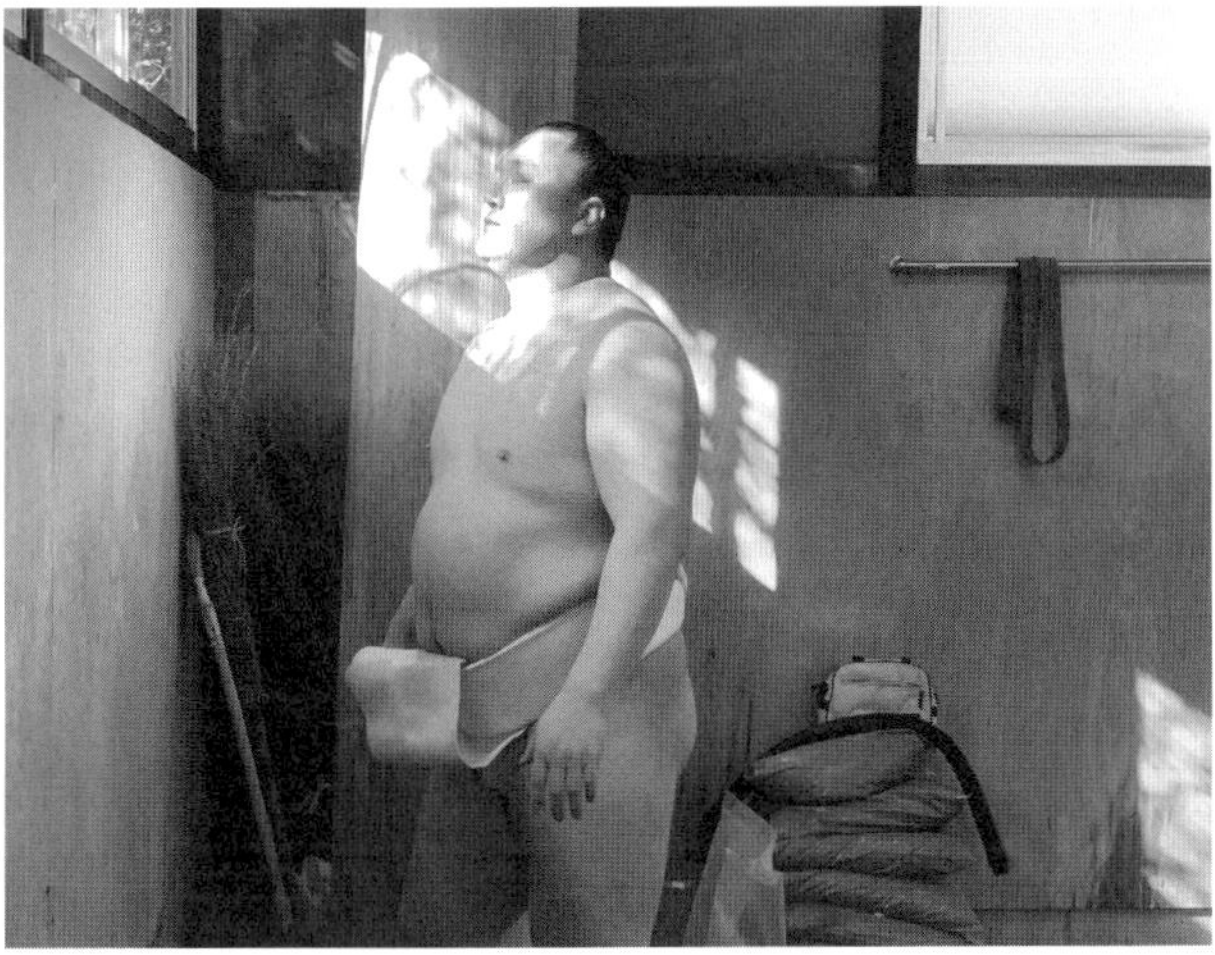

稽古場で朝日を浴び、体を目覚めさせる

ただ、ここで述べる習慣とは、そうした類のものではありません。ゲン担ぎには、もしかすると、精神的な効果もあるのかもしれませんが、根拠には乏しいといえるでしょう。しかし、横綱の習慣には、一つひとつの行動に必ず意味があります。

例えば、朝、太陽の光を浴びると体が活性化するという話を聞いたことのある人は多いと思います。横綱も、毎朝、これを実践しています。朝、稽古場に下りると、ウォーミングアップの前後などに、朝日の差し込んでいる場所に立ち、太陽を見て、光を浴びながら深呼吸をするのです。朝日を見ることで、脳の中にある松果体《しょうかたい》という部分が活性化して、創造力、直感力が高まるともいわれています。ただし、横綱は、そうした効果を知識として知ったから始めたわけではなく、無意識に実践していたようです。知識ではなく自らの経験として感じ、習慣として取り入れていたのです。最近になって朝の光の効果が注目されていると知り、それが理に適っているという確信に変わりました。

さらに付け加えるなら、土俵に下りる前にも、毎朝の習慣にしていることがあります。1杯のコーヒーです。横綱は、毎朝、必ずコーヒーを飲むのです。相撲とコーヒーという取り合わせは、ちょっと意外に受け取られるかもしれません。しかし、朝のコーヒーが体を目覚めさせるという経験を持ち、同じような習慣を身に付けている人は多いでしょう。横綱自身も、そう感じ、取り入れているのです。

立ち合いの準備、確認を繰り返す

土俵中央で対戦相手と向かい合い、腰を下ろして静止した後に動き始める、取組の幕開けを告げる瞬間が立ち合いで、勝負を左右する重要なファクターです。横綱には、立ち合いに関する日々の習慣があります。

個性豊かな力士たちにはそれぞれ得意な形があり、それに合わせて立ち合いも、頭で当たって押してきたり、両手を出して突いてきたり、手を伸ばして廻しを取りにきたりとさまざまです。いきなり左や右に動いてかわそうとする者もいます。さらに、左右どちらの廻しのどのあたりを取りにくるかなどの細かい違いも加わります。しかも、ある力士が毎場所同じ立ち合いでくるとも限りません。いくつもの立ち合いのパターンを使い分ける力士もいます。横綱自身がそうです。その中から、その日の対戦でどれをチョイスするのかわからないのです。

そうした状況で、立ち合いにどう臨むべきでしょうか。中には、自分の立ち合いはこうと決め、どんな相手でも迷わずに貫くタイプの力士もいます。しかし、少なくとも横綱は違います。立ち合いのパターンのさまざまなバリエーションを持ち、その日の対戦相手に応じて立ち合いを選んで取組に臨みます。

横綱は、そんな立ち合いを「考える」習慣を持っています。勝つための戦略として、立ち合いのための準備と確認を繰り返しているのです。業務が改善さ

勝負を大きく左右する立ち合い。この一瞬に最善の選択をするべく、周到に準備を重ねる（写真は令和2年＜2020年＞7月場所5日目の阿武咲戦）

れる手法の一つを、「PDCAサイクル」と言いますが、横綱は、自然にこのサイクルを回しています。つまり、計画し（PLAN）、実行して（DO）、評価し（CHECK）、改善して（ACTION）、また計画する。まるで、成果を上げ続けるビジネスマンのようです。

一日は午後6時から始まる

では、立ち合いのための準備と確認とはどんなものなのか。それを理解するヒントとなるのが、横綱の次の言葉です。

「本場所中は、一日の始まりは朝じゃない」
「午後6時から始まるんだよ」

大相撲の一場所は15日間、一日の休みもなく行われ、対戦相手はすべて違います。つまり、15人の力士と、一日一番ずつ、15日間、対戦を繰り返します。一番一番こそが、何よりも重要な、一日の柱となります。横綱の場合、毎日の取組は午後6時前に行われます。翌日の対戦相手はその前に発表されていますが、確認するだけにとどめ、その日の取組が終わるまではそちらに集中します。そして、取組を取り終えるとともに一日は終わり、次の取組に向けた新しい一日が始まります。

新しい一日への切り替えのスイッチが入るのが、取組後に支度部屋で入る風呂です。湯船に浸かり、体を芯まで温めて、一日の疲れを取り、体をリセットする。この時が、一日の中でいちばんほっとする時間のようです。風呂から出てきた瞬間から、新しい一日が始まり、次の取組に向けた準備も始まる。だから、本場所中の一日は午後6時から始まると、横綱は考えているのです。

夜、布団に入ってから頭を整理する

午後6時に始まる本場所の一日で、最も大切なのが、立ち合いを考える作業です。立ち合った後の展開は、予測しきれないことも多く、頭で考えるより体が反応して動きます。しかし、立ち合いには考える余地があります。一瞬の選択を誤れば、たちまち展開が不利になってしまいかねません。一瞬で勝負が決まることもあります。

横綱は、夜、布団に入ってから眠りに就くまでの時間に、立ち合いを考えることを習慣にしています。対戦相手との過去の取組で、どんな立ち合いをして、どんな展開になったのかは、すべて、横綱の頭の中にインプットされているのです。そこに、その場所の相手の体の張りや取り口などの情報を加えます。毎日帰ってきて、必ず対戦相手のＶＴＲをチェックして確認し、その情報をプラスするのです。布団の中に入ってから、そうしたさまざまな情報を整理して、どんな立ち合いでいくのかを決めて寝ます。

翌朝、起きてから、稽古場でその立ち合いを確認し、本場所の会場に向かいます。そして、支度部屋でもう一度、付け人を相手力士に見立てて、立ち合いを確認します。そこで修正を加えることもあるようですが、花道から入場する時には、もう迷いはありません。

土俵下では一点を見て、3パターンの展開をイメージ

入場して土俵下の控えで座布団に座ると、2番前の取組の力士が土俵に上がっています。まずは二人をお客さんと同じ気持ちで見つめるそうです。この時点から入れ込み過ぎると、15日間戦うメンタルがもたないため、気持ちを楽にしてその場の空気を感じるようにしています。

1番前の取組になったら、立ち合いの後、相手の反応によってどんな展開に

なるかを3パターン、頭の中でイメージします。途中で「おかしいな」と感じたら、もう一度最初からやり直し、完璧にできたら終わりです。

この時、目の前の土俵の、ある一点を凝視します。横綱は、「土俵の傷を見るんだよ」と言っていました。土でできた土俵には、あちこちに傷のようなひび割れができます。そのうち一つを決めて、じっと見つめるのです。脳科学では、同じ一点を見ることで、集中力が高まるという効果が期待できるそうです。これも、横綱が知識として知っていたわけではなく、経験からそう感じ、実践していることなのでしょう。

ただし、1番前の取組が時間いっぱいになったら、土俵の上に視線を移し、取組を見ます。控えの力士は、行司が東西どちらかに挙げた軍配に対して物言いをつけることができます。土俵に上がって審判委員たちの協議に加わることはできないのですが、物言いをつける権利がある以上、しっかりと取組を見ることは力士としての義務だと、横綱は考えているのです。実際に、平成26年

土俵下に座る白鵬。土俵の、ある一点を見つめて、立ち合いの3つのパターンをイメージしている

（2014年）5月場所12日目には、勝ち残りで控えにいた横綱が、結びの鶴竜関と豪栄道関との一番で、豪栄道関が鶴竜関の頭を押さえつけて勝った時、「マゲをつかんでいた」と物言いをつけ、認められて差し違えになったこともあります。

いよいよ自分の取組になり、呼出しに四股名を呼び上げられて土俵に上がったら、仕切り直しを繰り返す間、対戦相手の表情や筋肉、呼吸を読み取ります。そして、時間いっぱいになったら、これと決めた立ち合いで臨み、相手の取り口や相撲の流れに応じて臨機応変に動きます。取組が終わったら支度部屋に戻って風呂に入る。風呂から上がったら一日が終わり、次の一日が始まるというわけです。一日の始まりが誰よりも早いから、誰よりも早い準備ができているのです。

立ち合った瞬間、相手がスローモーションに見えるほど集中する

驚くべきことに、立ち合った瞬間、横綱には相手の動きがスローモーションのようにゆっくりと感じられるそうです。だから、相手に変化されたとしてもすぐに体が反応し、体勢を立て直せるのです。野球の超一流打者の目に、投手の投げたボールが止まって見えるというのと同じようなものです。

横綱は、取組を終えて部屋に帰ると、その日の取り口をＶＴＲで必ず確認します。どの瞬間までをスローモーションに感じたのか、脳で覚えているそうです。部屋のほかの力士に聞いても、そのように感じたことはなく、横綱は、自分は特別なのだと気付いたと言います。

人間は死に直面するなど危ないと感じた時に、目の前のことがゆっくり進むように感じられることがあります。視覚の情報処理が普通より早く行われる可能性があることが、専門家の研究でわかっており、この現象は「タキサイキア

現象」と呼ばれています。例えば交通事故に遭った方などがそれを体験しています。横綱は、いわば15日間、交通事故に遭っているようなものではないでしょうか。

いずれにしても、立ち合いに焦点を置いて妥協なく準備を重ね、集中力を極限まで研ぎ澄ませて臨むからこそ、相手がゆっくりと見えるのでしょう。

自分にとって最も大切な、一日一番の取組を毎日の中心に置く。そこから、一日の始まりは朝からという常識に捉われず、午後6時から始まると発想して、一日の過ごし方を計画する。そして、取組の中でも最も大切なのは立ち合いであると心得て、「布団に入ってから寝るまで」の時間にそれを考え、翌朝の稽古や支度部屋で確かめ、取組に臨むことを習慣にする。結果、相手がスローモーションに見えるほどの集中力で、毎日の取組に臨むことができます。

つまり、誰よりも早く準備し、これでもかというくらい確認して、頭も体も迷いのない状態にしているのです。仕事や勉強でも、しっかり準備をして、頭の整理のために確認をすることが、いかに大事か。準備、確認、実行、そしてまた準備。その繰り返しが、失敗を未然に防ぎ、目標を達成する手助けになっていくのではないでしょうか。

「習慣を守る」ことが目的ではない

習慣化は「変化」を察知するきっかけになる

横綱は、習慣を守ることを大切にしていますが、それを守ることに頑なにこだわっているわけではありません。

例えば、四股を踏み始めても、いつもの回数に達する前に、やめてしまうことがあります。理由を聞くと、「ちょっと、体がおかしかったから」といった答えが返ってきます。いつもと同じように四股を踏んでいるのに、汗をいつもより多くかいたり、息が上がるのが早かったりすることがあります。そんな時は、「体のどこかに異変があるのかもしれない。このまま続けたら、体を壊しかねない」――そう考えて、切り上げるのです。

このように、習慣化には、「変化」を察知するきっかけになるという利点があります。横綱は、それをしっかりと理解しているのです。私自身、横綱の体をケアする時には、基本的には体の同じ部位を、同じように触っていきます。

だからこそ、「今日はこの筋肉が硬いな」などと、いつもとの違いに気付けます。横綱が習慣を守る目的の一つは、そこにあるのです。

ただし、それは言葉で言うほど簡単なことではありません。習慣化しているからこそ、いつもの回数だけ四股を踏まないと、不安を覚える人も多いでしょう。その結果、無理をして体を壊してしまうケースもあるかもしれません。しかし、横綱は自分の体に耳を傾け、やめるという判断を下すことができる。それは、何のために四股を踏むか、という目的を、しっかりと理解しているからなのでしょう。

目的を忘れない

四股を踏む目的は、突き詰めていえば、本場所の取組で「勝つ」ことです。本場所中、「一日が午後6時に始まる」と設定するのも、出発点は目的にあり

巡業先の稽古場でもたっぷり四股を踏む

ます。そして、四股を踏むなど、毎日の一つひとつの習慣を行う際にも、目的を明確に意識している。だからこそ、自分はどうするべきかを正しく判断できるのです。

習慣を大切にする人の中には、習慣を守ること自体が目的になっている人もいます。そのために無理をして、成果があがらない場合が少なくありません。それは、何のためにその習慣を身に付けているのか、目的を見失っている状態だといえます。何事も明確な目標を持って行うことが大事です。ゴールを設定して見失わず、ぶれずに行うことが大切なのではないでしょうか。

第四章

「変える」勇気

過去を捨てて、
今、全力を傾ける

今の自分をしっかりと見つめる

「強い人が勝つのではなく、勝った人が強い」

　横綱は常々言っています。目の前の取組で勝って初めて、自分が強いと証明できるのです。だから、きっぱりと過去を捨てています。目に見えているのは常に、「今の自分」です。

　取組で負けて戻ってきて、こう言ったこともありました。

「弱いお相撲さん、帰ってきました。37回優勝していても、まだまだだな」

　過去は関係ありません。今の自分がすべてなのです。

　客観的に見て、横綱の考え方は十分に理に適っていると、私は思います。同じように考える人も多いでしょう。しかし、自分の身に置き換えて、同じような立場に立った時、それを実行できる人はどれくらいいるでしょうか。若い読者の方は想像しづらいでしょうが、年を取れば、能力が衰えてくるかもしれません。若い頃は徹夜も辞さずにバリバリ働いて、トップの成績を残してきても、次第に体力も思考力も衰えて、思うような仕事ができなくなって、もがいている人もいるでしょう。そんな時、人はどうしても、昔の成功体験に固執しがちです。あの頃の自分と同じように働けば、きっと結果を残せる――。しかし、そう考えたとしても、同じようなパフォーマンスは残せず、うまくいかないことが多いのではないでしょうか。

大切なのは、今の自分をしっかりと見つめることです。そうすれば、今の自分は経験を積んだことで、新たな能力が備わっていることに気付くはずです。そして、そんな現在の自分が、目的を果たすためにどうするのがベストなのかを冷静に考え、実行するべきなのです。その過程の中で、過去の自分を追い求めることは、正しい判断から遠ざける、雑音になるといえるのではないでしょうか。横綱は、それをはっきりと自覚しています。だから、「今」を大切にしています。

過去のメモには「後の先」の文字

今の自分を見つめることとは、立ち合いの作戦にも通じます。

横綱は、立ち合いの極意である「後の先」を追いかけてきました。「後の先」とは、極意なだけに、言葉で説明するのはなかなか難しいですが、相手より一瞬遅く立ちながら先手を取る、といった意味合いだそうです。立ち合いは、一般に、相手より先に立った方が、機先を制して主導権を握りやすく、有利だとされています。「後の先」は、そんな常識に反しており、一歩間違えると不利になりかねません。その呼吸をつかむところにこそ極意があるのだそうです。「後の先」を習得したとされるのが、横綱双葉山です。双葉山は、太平洋戦争中に無敵の強さを発揮した大横綱で、その強さを象徴するのが、69連勝という大記録です。さまざまな史上最高記録を塗り替え続ける白鵬関が挑み、超えられなかった唯一の記録といえば、その強さがおわかりいただけるでしょう。「後の先」は、そんな双葉山の強さの要因といわれました。立ち合い、双葉山の方が相手より少し遅れて立っていると見えるのに、次の瞬間、相手は魅入られたように、双葉山の得意な右四つの形に組み止められている——これこそが「後の先」の極意とされたのです。

そんな「後の先」という言葉が、横綱と知り合ったばかりの頃の私のメモには、何度か記されています。横綱は、「後の先」に興味を持ち、極意を身に付けようとしていたのです。双葉山の映像を何度も繰り返し見て、稽古場で試し、本場所で披露することもありました。

ぶれない思考法

それほど入れ込んでいた「後の先」ですが、最近の横綱は口にしなくなりました。だから、メモにも記されていません。双葉山のビデオを見返すことも、稽古場で試すことも、本場所の土俵で見せることもありません。

それはおそらく、今の自分が勝つために、ベストの方法を見極めたゆえの判断なのでしょう。

最近の横綱の立ち合いは、時にカチ上げや張り手を相手によって選択することが増えてきました。カチ上げはヒジを曲げて前腕で相手の胸あたりを突き上げる動作で、張り手は顔や首を手のひらで叩く技です。「後の先」とはまったく逆の、先手を取るための立ち合いだといえます。それは、今の自分にとっては、先手を取ることが勝つために最適な道だと判断したからなのでしょう。

カチ上げは、立ち合いで低い体勢をとる相手の上体を起こす時に使われます。

これをせず頭でぶつかりにいくと、頭と頭で当たるかっこうになり危険度が増します。若い頃に比べて格段に体が大きくなった横綱は、それを理解して無理に頭を下げることをしないのです。またカチ上げは、脇が空くため、相手に入られるリスクを伴います。難しい動作のため、行わない力士も多いのですが、横綱はそのリスクを負ってまで、勝ちたいという気持ちが強いのです。

カチ上げや張り手については、非難する声も寄せられています。「横綱は変わってしまった。『後の先』を目指した頃に戻ってほしい」という声も聞かれます。しかし、横綱の思考法は変わっていないと、私は思います。

かつて横綱が立ち合いで「後の先」を選んだのは、当時の自らの状態を見極め、それこそが勝つために最適な道の一つだと判断したからでしょう。今、張り手やカチ上げを時に選ぶのも、現在の自分の状態を見極め、より勝つ確率の高い作戦だと判断したから。横綱の思考法は、当時も今も、まったくぶれていないのです。

いかに回復するかを突き詰める——ぶつかり稽古の変化

同じことは、ほかにもさまざまな場面であてはまります。ぶつかり稽古もその一つです。

ぶつかり稽古とは、土俵の端から端まで、相手の胸にぶつかって押していく稽古です。何往復も繰り返し、押しきれないと転がされ、できるまで繰り返されます。毎日の稽古の仕上げに行われ、心肺能力を高め、苦しくても前に出る力を養う、とても大切な稽古の一つです。

「若い頃の苦しいぶつかり稽古のおかげで今がある」

と横綱は言っています。

そんなぶつかり稽古を、以前の横綱は、毎朝、必ず行っていました。内容もとても激しく、一切手を抜かず、若くて重い力士の胸にぶつかり続け、土俵を何往復もしていました。本場所中は、朝の稽古だけでなく、取組前にも若い力士の胸に激しくぶつかっていました。

それが最近、ガラッと変わりました。場所中のぶつかり稽古は、軽めに行うのみです。むしろ、体の状態を見極めて、微調整に努めています。ダンベルを使って軽く上半身の筋肉に刺激を入れると、あとは立ち合いの確認や、ストレッチ、深呼吸などを一つひとつ丁寧に行います。いわば稽古の内容が、「動」から「静」に変わり、エネルギーをためているかのようです。特に立ち合いの動きをイメージすることで、体というより脳をフル活用しているのです。

今の横綱にとっては、「いかに鍛えるか」よりも「いかに回復するか」の方が重要なテーマだといえます。ぶつかり稽古の変化は、そのことを横綱自身が理解していることの証でしょう。

汗を大切にする

稽古内容が「動」から「静」に変わったというのは、つまりオーバーワークに気を付けるようになったと言い換えることもできます。その目安となるのは、汗の量で、ここ数年、横綱が特に注意を払っている部分です。

汗をかき過ぎている時はオーバーワークの証拠で、ミネラルが多く失われ、筋肉の動きが悪くなる恐れもあります。そのため、汗として水分が体の外に出過ぎてしまわないように、飲む水の量を減らします。水分を摂り過ぎた状態で長い相撲を取ると手足がしびれてくることもあるそうです。とはいえ、あまり飲まないと今度は脱水症状にも気を付けなくてはいけないため、横綱はバランスよく調整するようにしています。

体に入れる水分の量は、場所によっても変わります。名古屋で行われる7月場所は暑く、稽古場にはクーラーがなく土俵も乾いています。汗の量が増え、つい多く水分を摂りたくなりますが、そこは調整が必要です。ビタミンやプロテインを入れた飲料を、いつもは500ミリリットル飲むところを、200ミリリットルにするなど加減するのです。

「汗が出過ぎると、体が軽くなり過ぎる」と、横綱は感覚として捉えています。ある時には取組を終えて、こう話していました。

「今日はね、取組前の所作の動きを軽めにして、汗の出を抑えたんだよね」

暑い時期には特に、激しく動き過ぎると汗が多く出てしまうため、調整に余念がないのです。

夏には寝る前に、必ず温かいものを飲み、胃腸を冷やさないよう心掛けています。冷たいものを飲み過ぎると体が冷えて、お腹が緩くなりやすいものですが、それでは「お腹に力が入らない」と、夏場は特に気を付けています。

入浴法にも気を使っています、夜は炭酸やマグネシウムを入れた風呂に15分浸かります。マグネシウムは筋肉を動かし、エネルギーを生むために必要なミネラルの一種です。不足すれば筋けいれんを引き起こすなど体に悪影響を及ぼします。汗をかくと失われやすいマグネシウムを、横綱はサプリメントとして口にも入れますが、皮膚からも吸収することを意識しています。こんな入浴の時間は、横綱にとって大事なひとときです。宮城野部屋が現在の墨田区八広に引っ越した（平成27年〈2015年〉9月）当初の風呂は狭く、肩まで浸かることができなかったため、浴槽を取り換えたこともありました。

モンゴルで育っている横綱は、体質的には夏があまり得意ではありません。実は、7月場所は体重が落ちやすく、厳密な体調管理が欠かせません。いつも場所中は夜にご飯を茶碗に3杯、昼には1杯食べていますが、名古屋では食欲が落ち気味になります。それでも無理にでも決めた量を食べるように努めています。

季節に応じた体調管理はほかにも及びます。エアコンを使用せず、夏は扇風機、冬にはオイルヒーターを使っています。乾燥を避け、風邪などを予防するためです。ぐっすり眠るためにも、室温調整を忘れません。

季節によらず、食事の内容にはもちろん気を配っています。特に9年ほど前からは、杏林予防医学研究所（京都市中京区）の山田豊文所長の栄養指導を受け、サプリメントだけに頼らず、しっかり栄養バランスを考えた食事をすること、旬の野菜など新鮮な食べ物を体に入れることを心掛け、勝利につながる内なるパワーにしています。

現在の横綱の食習慣を紹介すると、朝稽古の後に野菜のスムージーをコップ1杯必ず飲み、続いて色とりどりの野菜を使ったサラダに亜麻仁油をかけて食べます。そしてちゃんこの後には、玄米をよく噛んで食べています。玄米には白米の5倍ほどのマグネシウムが含まれるといわれ、よく噛むことで十分に唾液が出て消化を助けますし、脳への血流がよくなって情報整理力が高まる効果もあります。ちなみに横綱はアゴが大きく、親知らずは4本とも生えていて、噛み合わせがきれいです。加えて、食事の時の姿勢がよく、背筋が伸びて内臓に負担をかけていないことも素晴らしいところです。

体の中を整えるためには、山田先生の指導のもと、平成28年（２０１６年）に断食も行いました。秋場所を休場した際に、まず2日間は体に入れる食べ物の量を減らしていって慣らし、続く3日間、断食したのです。「食べることが仕事」である力士の体は特に、消化に負担がかかっています。断食すると負担を減らし、また体内の毒素がなくなるので、全身の細胞を若返らせる効果があります。内臓の疲れを取って体をリセットした横綱の体重は、直前に受けていた手術から断食終了までの10日間で13キロ落ちました。私も一緒に体験したのですが、やってみると体がすっきりしたように感じました。断食明けに食べたおかゆが体にしみわたり、「こんなにおいしいものなんだ」と二人で話したことを覚えています。横綱は「（断食は）力士初じゃないかな」と笑顔を見せ、これまでの常識から外れた調整法でも「必要と思えば取り入れる」と話していました。

このように、さまざまな調整に力を入れるようになった横綱ですが、それらはすべて勝利のため。すべてが勝つことにつながっていくのです。

他人の声に耳を傾ける

２枚の写真で体を比べる

「調整」に力を入れるようになったという話と矛盾するようですが、最近の横綱は、以前と比べて「鍛える」ことの重要性が増しているケースもあります。それは、休場が増えたことと関係しています。

以前の横綱は、ほとんど休場することなく、常に体を動かし、鍛え続けていました。筋肉にも張りがあり、３６５日、常に臨戦態勢にあったといえます。ところが最近は、休場が増えてきました。休んでいる間は、稽古をせず、体を動かしたり鍛えたりする機会が減ります。すると、だんだん筋肉が落ち、臨戦態勢とはいえない体になってしまいます。そうならないためには、休場して稽古ができない間も、可能なトレーニングをこなして、体を維持する努力が必要です。

しかし、これを理解してもらうのは簡単ではありません。体の変化は毎日、

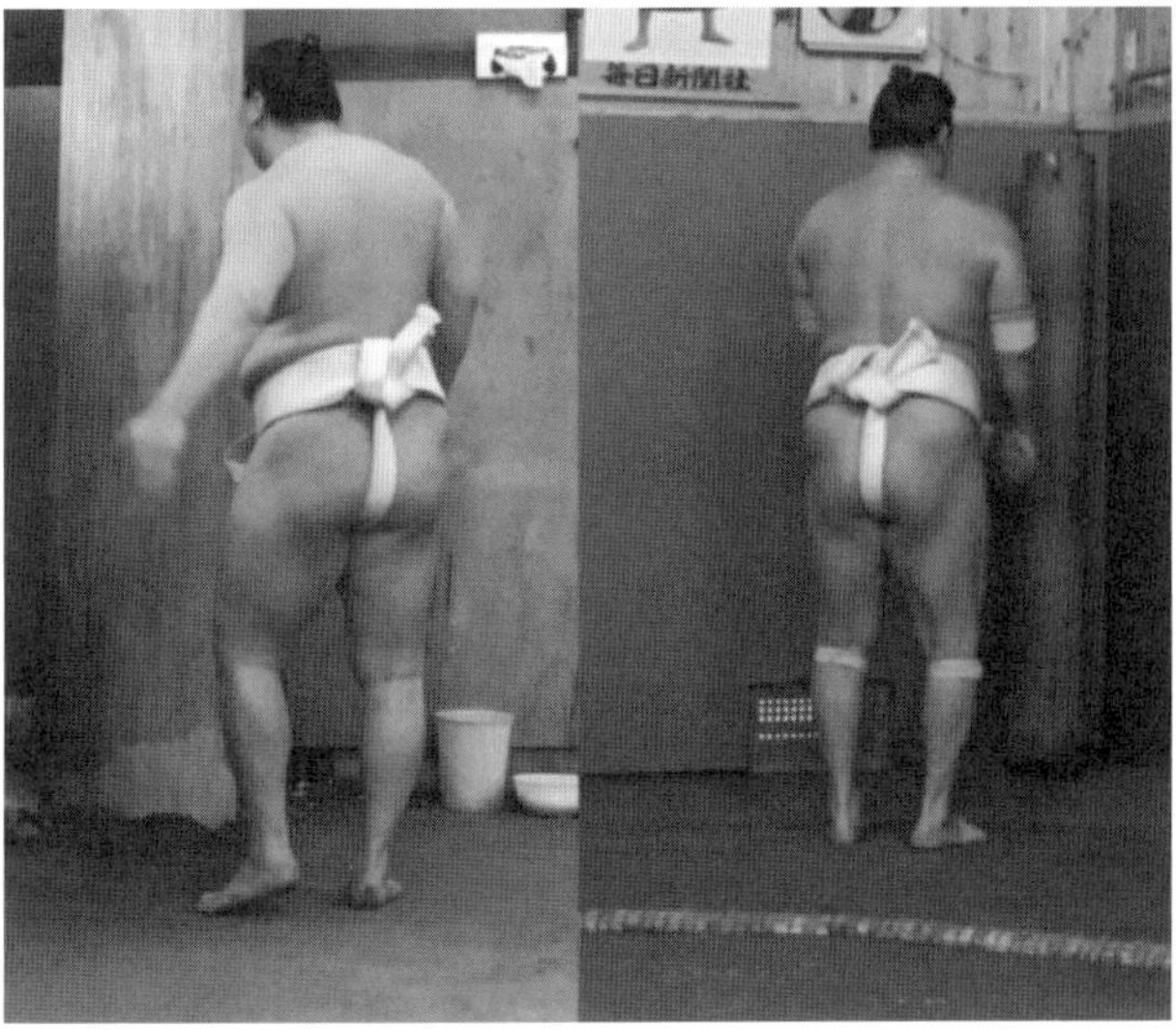

体の変化を伝えるため、著者は白鵬に写真をよく見せる。右は平成28年（2016年）9月に休場し、ヒザと親指の手術を経て、断食をした後の1枚。左は復帰してトレーニングを積んだ後、同年11月場所前の1枚。筋肉の張りなど、明らかに違いがある

少しずつ進むので、なかなか本人には気付きづらいため、トレーニングしているつもりでも知らず知らずのうちに手を抜いてしまいがちなのです。実際に、横綱にもこれと似たようなことがありました。

そう感じた私は、次に横綱が休場することになった時、2枚の写真を見せました。1枚は、以前、休場した際、休場前に撮影した横綱の体の写真。もう1枚は、休場後に撮影した横綱の体の写真です。これを見れば、どこの筋肉がどのくらい落ちたのか、一目瞭然です。驚いている横綱に、私は「体を動かさないと、こんなに筋肉が落ちるんですよ」と伝え、「そうならないために、しっかりとトレーニングしましょう」と提案しました。すると横綱は大いに納得して、トレーニングに励むようになりました。

これと似たサポートを、私は稽古でも行っています。ぶつかり稽古の様子などを私が動画で撮影し、横綱に見せるのです。こうすることで、横綱は自分の動きを客観的に確認できます。私のスマートフォンには、過去のトレーニング

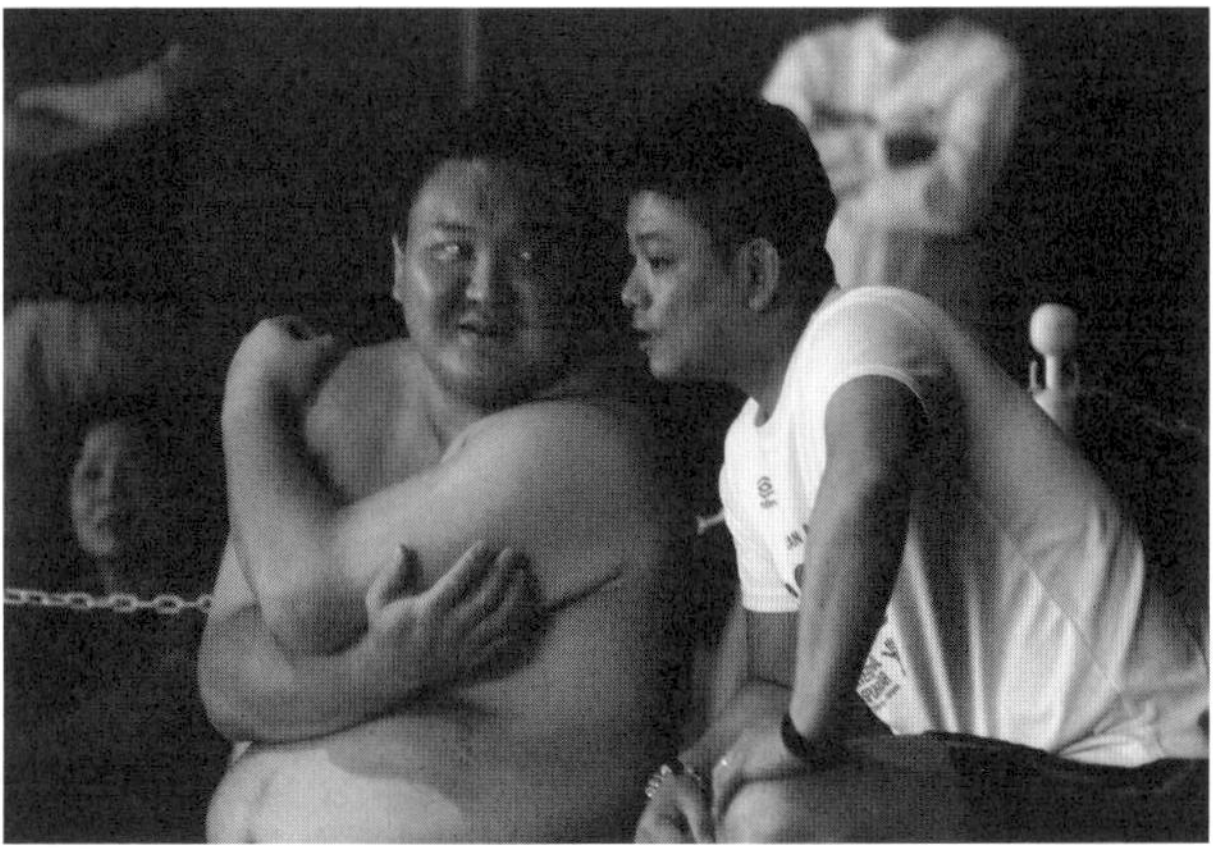

稽古中に語り合う著者と白鵬。固い信頼で結ばれている

映像がストックされていますから、必要なら再生して体を比べることもできます。いわば、横綱の目の役割を果たしているわけです。

こうした実績が積み重ねられ、信頼関係が築けていたからこそ、横綱は、トレーニングに関する私の意見を取り入れてくれたのでしょう。

とはいえ、横綱のようにトップにある者が、私のような者の意見に耳を傾け、いいと判断したら聞き入れる姿勢を持つというのは、なかなか難しいことかもしれません。しかし、その気になりさえすれば、誰でも、今日からすぐにでも実行できる姿勢ではないでしょうか。

第五章

あの日、あの時

モチベーションを上げるには
心身をリセットさせる時間を持つ

メモを通じて築いた信頼関係

私が横綱の体をケアするようになったのは、平成24年（２０１２年）11月のことです。初めてケアした時は、圧倒的なオーラを感じ、何を話したのかほとんど覚えていません。後にも先にもこんなに緊張して、汗をかいた日はありません。気持ちが高ぶって、その日はなかなか眠ることができなかったものです。横綱は当時すでに優勝22回。７連覇や63連勝も成し遂げていた大横綱でした。直前まで、横綱昇進後初めて３場所連続で優勝を逃していたのですが、11月場所、14勝１敗で４場所ぶりに優勝を果たすと、その後も順調に優勝を重ねていきました。

当時の横綱の強さは圧倒的でした。土俵上の姿からも普段の様子からも余裕が感じられ、稽古場では毎日ぶつかりを欠かさず、相撲を楽しんでいるような印象すら受けました。双葉山を理想とし、「後の先」の立ち合いによく挑んでいたのもその頃です。大きな目標としていたのが、大鵬さんの優勝32回という史上最多記録。偉大な大先輩を目標に、迷いなく突き進んでいる――そんな感じでした。

今でこそ、マッサージなどをしている時に限らず、生活のさまざまな面でサポートをしている私ですが、最初は、マッサージをして体のケアをしている時だけの付き合いでした。会話は交わすものの、当たり障りのないものばかりです。当時は横綱自身、私に求めるのもそれだけだったのでしょうし、私もそう心得ていました。

そんな中でも私は、毎朝の稽古や本場所の取組などを見て、気付いたことをメモしていました。ちょっとした言葉や仕草の変化から、心や体の変化を感じ取り、横綱の体をみる時に生かしたいという思いからでした。

私は、トレーナーとして、距離感を保ち、常に一定であり、かつ、継続すること、そして、その中でも、進化し続けることを心掛けています。そのために

気付いたことを記す著者のメモは、ポケットサイズの手帳にびっしり文字が。図を入れたり、ペンで色を塗ったりしているところもある

は、専門のマッサージはもちろん、体に関するあらゆることにアンテナを張り、勉強をしています。横綱の体についても、自分自身の基準に頼らず、主治医などの意見に必ず耳を傾け、相談するようにしています。

主治医の苑田会人工関節センター病院（東京・足立区）・杉本和隆院長は、横綱の手術を3回とも担当した整形外科医です。横綱は、この杉本先生と私を「ともに15日間を戦う同志」と話し、「チーム白鵬」と名付けました。杉本先生には、私がケアするためにも、横綱の動画を見ていただき、さまざまな意見交換をさせていただくなど、力をお借りしています。

そんな意見を参考にしながら、さらに横綱のことを深く知り、日々の変化にいち早く気付くために、私はメモを取り始めたのです。

毎朝、稽古を見ながらメモを取るうちに、私は、すでに触れた四股やスリ足、テッポウなどの音の違いに、少しずつ気付くようになりました。マッサージをしながら、そのことを伝えると、横綱はとてもうれしそうな顔をして「わか

「チーム白鵬」。左が杉本和隆先生、右が著者

る？」とほほ笑んでくれました。そうしたことを重ねるうちに、少しずつ、横綱は自分の本心を私に語るようになっていました。

大鵬さんを超えてもいいのか

横綱の変化に気付いたのは、目標である32回の優勝が近づいた頃です。平成26年（２０１４年）５月場所、29回目の優勝から３連覇し、続く11月場所、いよいよ32回目の優勝に王手がかかることになりました。１敗で迎えた13日目には、首位を並走していた鶴竜関が２敗に後退し、単独首位に立ちました。明日にも優勝が決定して大鵬さんに並ぶという状況です。

しかし、横綱の姿は、そんな浮かれたムードとはかけ離れていました。この日の夜の私のメモには、横綱の、「取組前、ぶつかるのもイヤ‼」という言葉が記されています。私の受けた印象として、「すごいプレッシャーと戦っている」とも書かれています。翌朝の稽古では、「若手に対して、異例の指導」「自分を奮い立たせている」との言葉がメモされ、さらに「ここ2日、相撲がいやみたいだ‼」とも記されています。「眠い」という言葉もよく口にしています。ただし、こんなネガティブな状態でも、この場所、32回目の優勝を果たして大鵬さんと並びました。

続く平成27年（2015年）1月場所は、大鵬さんを超える33回目の優勝がかかっていました。この場所の私のメモには、「数字を意識してしまう」「今場所は、と思うときつくなる」「本当に超えていいのかと思うんだよね」と、横綱が複雑な心中を吐露した言葉が、毎日のように記されています。朝方4時くらいまで寝付けないようで、昼間も、「眠い」としきりにこぼしていました。

土俵に上がれば抜群の強さを発揮し、連覇を重ねていましたから、横綱の姿は多くの皆さんにとって、これまでと変わらず、むしろこれまで以上に強く、充実しているように見えたことでしょう。しかし、横綱自身は、偉大な大鵬さんの記録を自分が超えてもいいのかという葛藤に苦しんでいたのです。

そんな心の内を吐露するようになったのは、それまでの付き合いから私を信頼してくれるようになったのに加え、横綱の苦悩が、吐き出さずにはいられないほど深く、重いものだったからなのでしょう。私は横綱の体だけでなく心のケアをするのも自分の役割だと心得て、不安をやわらげるような言葉をかけ続けました。

大関琴奨菊関を降して後続に2差をつけ、いよいよ優勝が目前になった12日目には、私の、「すべてを受け入れていかないとですね」との言葉に横綱がうなずき、「宿命ですね」と言うと、「宿命だね」とうなずきました。そして13日目、2敗で追う大関稀勢の里関を取り直しの末に降して、ついに大鵬さんの記録を破る33回目の優勝を決め、千秋楽まで勝ち進んで全勝優勝を成し遂げたのです。

この場所、優勝から一夜明けた記者会見で横綱は、稀勢の里関戦の取り直しになった判定への不満を口にし、批判を浴びています。それも、ギリギリの心

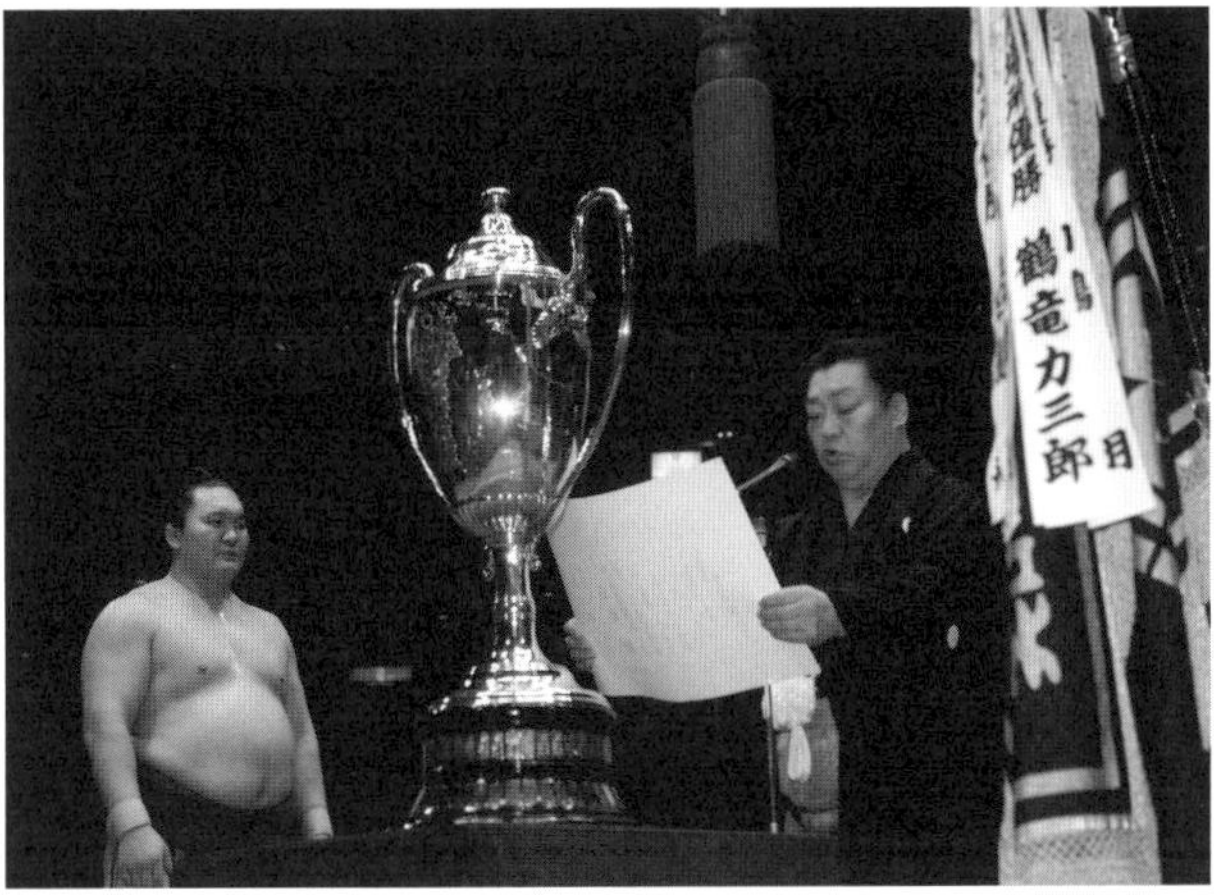

大鵬を抜く33回目の優勝を全勝で飾った。右は白鵬が尊敬する北の湖親方（元横綱北の湖）

で戦っていたことと関係があるのではないでしょうか。

バラバラになった心と体をリセットする

大鵬さんの記録を破った直後の平成27年（2015年）3月場所は、14勝1敗で6連覇を達成し、優勝回数を34回まで伸ばしましたが、続く5月場所は終盤崩れて11勝4敗に終わり、7連覇を逃します。

翌7月場所は14勝1敗で35回目の優勝を果たしたものの、9月場所は初日に隠岐の海関、2日目に嘉風関と、どちらもこれまで一度も敗れたことのない相手に連敗。「(左) 足にちょっと違和感がある。踏ん張りきれない。こんな感覚は初めて。体と心が合わない。自分一人では決められないので、親方と話し合います」と語り、翌日、「左大腿四頭筋腱炎で4週間の加療を要する見込み」との診断書を受けて、休場しました。休場は、大関時代の平成18年（2006

年）11月場所、宿舎（福岡・糟屋郡篠栗町）の近くの公園でトレーニングとして階段をダッシュした際、左親指の付け根を骨折し全体して以来約9年ぶり3回目。横綱昇進後、8年間で初めてのことでした。

長年の疲労で、休場の直接の原因となった左太腿を含め、横綱の体があちこち悲鳴を上げていたことは事実です。しかし、この頃の横綱は、本人の口から語られた通り、「心と体がバラバラ」の状態でした。本場所中にもかかわらず、「ぽかんと穴が開いた」、「今から何のために頑張ればいいんだろう？」と私に真剣に聞いてきました。「負けるのに慣れちゃった」とネガティブな発言もありました。ある日のメモの内容です。

横綱「先生、気合が入らない!!（VTRを見ながら）いつもと違うでしょ？」
私「はい、集中できてないし、目が優しいし、体にキレがないですね」
（達成感からか、ここ2、3日、マッサージが終わる頃、仰向けに寝ていびき

をかきだす）
私　「脳が疲れていますね」
横綱「気合が入らないけど、先生、やらないといけないよね」

私の目には、横綱が、大きな目標を達成した後、モチベーションが切れて抜け殻のように見えました。

そんな横綱に、心と体が一致したベストな状態で土俵に向かってもらおうと、私は必死でした。心と体のケアに関するさまざまな分野の本を読み、いいと思ったものは何でも取り入れて、横綱を支えました。しかし、本来の姿を取り戻したように見える時もありましたが、長続きはしません。

糸がピンと張り詰めた状態で、何とか土俵に上がり続け、ついに切れてしまった。そんな休場でした。

私は自責の念にかられました。トレーナーとして、横綱のいちばん近くにいる者として、もっとできたことがあるのではないかと悔やみました。このまま引退させてしまうようなことがあってはならない。それには、疲れきった心と体をリセットする必要がある――そう考え、後援者のアドバイスもあって実現したのが、3泊4日の温泉治療でした。

ゆったりと温泉に浸かり、のんびりとした時間を過ごしました。横綱の家族にも来てもらってバーベキューをしたり、私と二人でトランプに興じたりしました。もちろん、じっくりと体のケアもしました。モンゴルから来日して15年近く、ひたすら相撲に打ち込んできた横綱にとっては、相撲から離れた初めての経験だったと思います。

東京に帰ってからも、しばらくは治療に専念し、体を休めていました。一日13時間眠ることもあったそうです。映画もよく見ていたようで、心に残ったセリフを私に教えてくれたりもしました。

「本場所モード」に入る

心も体もリフレッシュした横綱は、秋巡業には最後の方だけ参加し、そのまま、11月場所の行われる九州に乗り込みました。ケガの回復はまだ不十分で、出場できるかは微妙でした。横綱自身、初日の2週間前に稽古を再開した時の表情からは、慎重さがうかがえました。

しかし、体を動かし始めて数日経った時、朝稽古のために稽古場に下りてきた横綱の目や雰囲気が、それまでとは明らかに違っていました。姿を現した瞬間、ピーンと張り詰めた緊張感が漂ってきます。機嫌が悪いのではなく、思わずこちらの背筋が伸び、気持ちが研ぎ澄まされるような感じです。そんな緊張感が、私一人だけでなく、上がり座敷で稽古を見守っているお客さんすべてに伝わり、雰囲気が一変します。

「本場所モード」に入ったのだと、私は直感しました。「これならきっと、今場所は出場できる」――。私自身の体の中に、「必ず15日間サポートする！」という力がみなぎってきました。さらに稽古を重ねるうちに、しぼんでいた体も日に日に張りが戻ってきて、横綱は出場を決断しました。

初日の横綱は、さすがに不安げに見えましたが、栃ノ心関を危なげなく降して白星スタートを切ると、順調に勝ち進み、6戦全勝で迎えた7日目の相手は隠岐の海関。前々場所初日に敗れ、休場のきっかけとなった嫌な相手です。その日の朝、稽古場に横綱の姿はありませんでした。後半に備え、体を休めるという決断をしたのです。以前から、本場所中に稽古場に下りないことはありましたが、それは13日目以降の終盤に入ってから。7日目で稽古を休むのは異例のことです。しかし、私はそれをプラスに捉えていました。年齢的なことを考えても、次第に無理の利かない体になるのは仕方のないことです。ましてや休場明けでヒザに不安を抱える今場所はなおさらのこと。そんな状況で、早めに休むという決断を自ら下したことは、横綱が冷静に自分の体と向き合っている証拠だと考えました。

この日の横綱は、隠岐の海関に寄り詰められたものの、土俵際、左足一本になりながら、右ヒザの上に相手を乗せて投げる「櫓《やぐら》投げ」の大技で鮮やかに裏返しにしました。宿舎に引き揚げてきた横綱は、私と「グータッチ」。食事を終えると、夜、宿舎にある卓球台に私や部屋の力士たちと集い、この場所の恒例行事となっていた卓球に興じました。大鵬さんの記録に向けてピリピリした毎日を送っていた頃には考えられないことですが、こうした時間が心身をリラックスさせるのに役立っていることは、子供のように卓球を楽しむ横綱の笑顔からもわかりました。

結局、この場所は12連勝の後3連敗して日馬富士関に優勝を許し、続く平成28年（２０１６年）１月場所も終盤で崩れて12勝３敗に終わり、琴奨菊関に初優勝をさらわれましたが、横綱が再び相撲への意欲を取り戻したことは明らかでした。

苦い経験を糧に
勝負の鉄則を守る

取りこぼしをしたくないから気を抜かない

休場明けから3場所目となる平成28年（2016年）3月場所は、場所前の仕上がりが早く、今場所こそ優勝をとの思いが伝わってきました。初日の稽古場に下りた姿にも、オーラがありました。ところが、初日の宝富士関戦、過去10戦負けなしの相手に敗れてしまいます。右差しを狙って立ち、果たせないと見てすぐ左に動いて引いたのについてこられ、宝富士関得意の左差しを許して寄り切られる完敗でした。宿舎に戻った横綱は「右胸でしっかりぶつからないと」「空回り」「勝ち急ぎ」と反省を口にしていました。

それでも2日目からは立ち直り、白星を重ねていきましたが、思わぬ事態が起こりました。8日目の嘉風関戦、激しい相撲で寄り詰め、土俵際で相手の左足を右手で抱え上げる「足取り」をして激しく寄り切ったのですが、土俵下に転落した嘉風関が井筒審判長（元関脇逆鉾）に激突。左足を負傷した井筒親方が救急車で病院に運ばれ、左大腿骨頸部骨折で全治3カ月と診断され、休場となってしまったのです。足を抱え上げた時、すでに嘉風関は土俵の外に出ていて勝負が決まっていただけに、横綱の行為は「ダメ押し」として批判にさらされました。

批判が高まったのは、この場所、すでに横綱のダメ押しが指摘されていたからでもありました。4日目の隠岐の海関戦、出足鋭く前に出て一方的に押し出す快勝だったのですが、勝負がついた後、相手の胸を押していたのです。この時、横綱は宿舎に帰ってからVTRを何度も見直していました。

横綱は、勝負がついたとわかってなお、ダメ押しをしたわけではありません。勝ったと思っても最後まで油断せず、力を抜かないのは、勝負の鉄則です。「そうしないと、最後まで勝負がわからないからやっているんだけれど、ついついやり過ぎちゃうかな」と言っていたこともあります。若い頃、土俵際に弱いと言われ、取りこぼしが多かった経験が、最後まで気を抜かない相撲へとつながっているのです。ましてや、ダメ押しをした隠岐の海関と嘉風関は、2場所前に初日から連敗し、休場に追い込まれた相手です。初日に宝富士関に不覚を取っていたことも、最後まで気持ちを緩めずにいこうという意識につながっていたことでしょう。

しかし、結果として井筒親方がケガをしてしまった——そのことに横綱は大きなショックを受けていました。翌日、審判部から呼び出されて注意も受けました。「心が折れそうになった」とも口にしていました。

「先生ごめんね。最後、変化して」

それでも、横綱は気持ちを奮い立たせ、土俵に上がり続けました。雑念を払い、一番一番に集中しました。大きな山場となったのが11日目、全勝で単独首位を行く大関稀勢の里関戦です。前場所も敗れている難敵を、左から張って右でカチ上げる厳しい立ち合いから圧倒。落ち込み、苦しんでいる中で見せた会心の相撲に、私は久々にしびれ、感動しました。

12日目には豪栄道関との1敗同士の一戦を、やはり厳しい相撲で制し、稀勢の里関が敗れたため単独首位に立ちました。そのまま1敗で迎えた千秋楽、稀勢の里関が2敗同士の対戦で豪栄道関に勝った後、結びで横綱は日馬富士関と対戦しました。勝てば優勝、負ければ稀勢の里関との優勝決定戦という大一番ですが、勝負はあっけなく決まりました。横綱が右手を出して立ち、左に体を開いて右にイナせば、日馬富士関はたまらず泳いでそのまま土俵を飛び出したのです。あまりにもあっけない相撲内容に場内は騒然とし、ブーイングも生まれました。

横綱にとっては、史上最多の優勝32回という大きな目標を達成した喪失感や、横綱になって初の休場という試練を乗り越え、4場所ぶりにつかんだ36回目の優勝です。本来なら大いに喜んでいいはずですが、横綱は、優勝を決めた後、私の顔を見るなり、こう言って頭を下げました。

「先生ごめんね。せっかく14日間、いい相撲だったのに、最後、変化して」

その言葉は、千秋楽の一番が、決して作戦として変化したものではなかったことを物語っています。最初から変化しようと思ったのではなく、相手が頭を低くして鋭く踏み込んだのに、瞬間的に「体が勝手に反応した」のです。「あれで決まるとは思わなかった」と言い、「勝ちたかったんだろうね」と、自分の気持ちを客観的に分析していました。

もちろん、私にしてみれば、横綱から謝られるようなことをされたなどと、まったく思っていません。私は、横綱とお付き合いさせてもらうようになってから、すべてを相撲に捧げ、純粋に一つの白星を追い求め、そのためにあらゆる努力を惜しまない横綱の姿に魅かれました。そんな横綱が、大きな目標を失い、気持ちの糸が切れた時、少しでも力になりたいという思いが心の底から沸き起こり、それが私の使命だと思ってサポートをしてきただけです。横綱が私に「ごめんね」と言ってくれたのは、そんな私の気持ちが横綱に届いてくれたからなのかもしれません。

ダメ押しの件も含め、いろいろなことがあった場所でしたが、さまざまな意味で、私にとっても強く心に刻まれる優勝となりました。

試練を乗り越えて36回目の優勝を果たした平成28年（2016年）3月場所千秋楽、土俵下のインタビューで感極まる。この後の祝勝パーティーでも、瞳を潤ませていた白鵬に、紗代子夫人が心配そうに顔を寄せた（下写真提供：NHK大相撲中継）

なぜ負けたのかを徹底的に知ろうと努める

優勝の味は一回一回違う

復活してつかんだ36回目の優勝から4年。横綱はさらに優勝を重ねていきました。新型コロナウイルス禍、無観客で行われた令和2年（2020年）3月場所を制し、優勝回数は44回にまで達しました。

「何回優勝しても緊張するんだよね、後半になると」

そう話す横綱は、実はかなり緊張するほうです。

「顔に出ないから助かっている」と、いつも言っています。

緊張してもこれだけ勝てるのは、やはり稽古をしっかりしているから。準備と確認を繰り返しているからこそだと思います。

「優勝は一回一回、味が違うんですよ」とも言う横綱ですが、横綱になってから初めて休場した後の9回の優勝は、とりわけ深く、印象に残っています。

以前の優勝は、いわば勢いに乗ってつかんだものでした。体力的にも充実していて、15日間のペース配分を考え、横綱の姿からは余裕すら感じられました。しかし、今は違います。一回一回、必死でつかんだ優勝です。ヒザやヒジなど、体のあちこちに古傷を抱え、満身創痍です。15日間、何とか持ちこたえても、それを2場所、3場所と続けることは難しい。休場もめっきり増えました。それでも横綱は、以前とは違う自分の体を見つめ、折れそうになる心を奮い立たせて土俵に上がっています。私は、付け人や部屋の関係者とともに、そんな横綱をサポートしました。

格段に増した「1勝の重み」

以前の横綱は、終盤の横綱・大関戦を除けば、ほとんどの相手に全力を出しきらなくても勝てたと思います。しかし、ここ数年はそういうわけにはいきません。

要因の一つは、横綱自身の変化にあるでしょう。ケガを抱えたことや年齢的な問題もあり、かつては圧倒した相手にも苦戦するようになりました。横綱になって初めて休場した場所、それまで負けたことがなかった嘉風関や隠岐の海関に敗れたのも、そうしたことが影響していると思います。

もう一つの要因は、有望な若手力士の台頭です。貴景勝関、朝乃山関、正代関、御嶽海関、大栄翔関、北勝富士関、遠藤関など、横綱よりかなり年下の、次世代の力士たちが番付上位に揃い、全力で挑んできます。少しでも気を抜けば、不覚を取ってしまいます。15日間すべて、まったく息を抜けません。1勝の重みが、かつてとは比べ物になりません。しかし、横綱はこうした状況でも変わらず前向きに、勝利を求めています。

それを強く感じたのが、平成29年（2017年）11月場所12日目の御嶽海関戦でした。当時の御嶽海関はまだ初優勝をする前で、上位に定着しつつあった頃です。そんな御嶽海関に横綱はすでに2回敗れていました。直近の対戦は2

場所前の平成29年（２０１７年）７月場所。当時、大きな目標とした魁皇さんの持つ通算最多白星記録の更新がかかった場所でした。初日から快調に10連勝した後、魁皇さんと並ぶ１０４７勝のかかる11日目に御嶽海関と対戦し、寄り切られて敗れていたのです。この場所は、この後に新記録を達成し、御嶽海関に敗れただけの14勝１敗で39回目の優勝を果たしたのですが、注目の一番で敗れたことは、横綱の脳裏に残っていました。

ただし、それは負けたという事実だけでなく、「なぜ負けたのか」という疑問からでした。不覚を喫した一番で、横綱は立ち合い、右で張って左を差し、右上手を取りにいきました。その狙い通りにいったのに、敗れてしまったのです。

「負けるはずなかったのに、何で負けたのかわからない。同じ立ち合いを試したい」

横綱はそう言って目を輝かせていました。なぜ負けたのかを知りたいという欲求が、不本意な形で負けた悔しさを上回ったのです。

そして、雪辱を期したその一番。取組に向けて宿舎を出る前、横綱は宣言しました。

「負けた時と同じ立ち合いをしてくるから、先生、見ててよ」

これを聞いて私は、「迷いはないな、今日は勝つな」と確信しました。

横綱は言葉通り、右で張って左を差し、右上手を取りにいく立ち合いから、今度は休まず引き付けて出て一方的に寄り切りました。その後も勝ち進み、14勝1敗で40回目の優勝を果たしています。

そこには、挑んでくる若手の壁になり、立ちふさがりたいという思いがあるでしょう。「自分が壁になることが、彼らのためにもなる」という思いです。以前、横綱昇進前の稀勢の里関の前に何度も立ちはだかりました。それと同じ役割を再び果たそうというわけです。

加えて、横綱自身に相撲をとことん追究したいという思いもあるように感じられます。平成30年（2018年）9月場所9日目の御嶽海関戦では、右四つで頭をつけられ、棒立ちになりながら、じっくりと構え、右裾払いから出し投げと鮮やかな連続技で崩して勝った、芸術品のような相撲を披露しました。その相撲を見て、まだまだ若いなと私は思いました。そして、この追究心はどこからくるんだろうと驚きを隠せませんでした。

平成30年（2018年）9月場所9日目の御嶽海戦。棒立ちの苦しい体勢に見えたが、チラッと首を振り、御嶽海の左足先に視線を送る。直後にこの足を自らの右足で蹴ってから、左を巻き替え、腰を振って相手の左廻しを切り、右下手投げで崩し、左ノド輪でのけぞらせて寄り切り。息も継がせぬ、芸術品のような相撲だった

逆境での原動力は責任感

特別な場所

令和2年（2020年）3月場所は、相撲界にとっても横綱にとっても特別な場所となりました。新型コロナウイルス感染拡大を防ぐために、無観客で行われることとなったのです。

3月場所の開催地は大阪です。関係者は2月下旬には東京を離れて大阪に乗り込み、初日の3月8日の約2週間前、2月24日の番付発表以降、本場所モードに入ります。横綱を含めて多くの力士は、自分の部屋での稽古だけでなく、ほかの部屋への出稽古を重ね、本場所に向けて鍛え、調整をしていきます。まさしくそんな時期にあった3月1日、相撲協会から、3月場所を無観客で開催することが発表されました。

4日前の2月26日には、政府から、多数が集まるような全国的なスポーツ、文化イベント等について、今後2週間、中止、延期または規模縮小等の対応が要請されていました。それを受けて、すでに野球のオープン戦などは無観客で開催されていましたから、相撲も無観客で開催されることは、ある程度予想できました。しかし、無観客での本場所がどんなものになるのか、誰にも想像はつきませんでした。70年以上前、太平洋戦争末期にも原則非公開で本場所が行われたことがあるそうですが、戦後初の異常事態です。相撲関係者もファンも、心の中は不安でいっぱいでした。

この時、場所前の横綱の体調は万全とはいえませんでした。直前の1月場所、4日目から途中休場の要因となった右足の蜂窩織炎《ほうかしきえん》や腰痛からは回復しつつあったとはいえ、長年の酷使で体のあちこちが悲鳴を上げていました。本来なら休場する状態だったと、私は思います。しかし、横綱は出場を決めました。その表情からは、無観客という異例の場所だからこそ、横綱という立場にいる自分が、責任をまっとうすべきだという強い気持ちが、ひしひしと伝わってきました。

思えば、横綱はこれまで何度も、相撲界の危機にあって、横綱として責任を果たしてきました。

平成22年（２０１０年）７月場所、野球賭博問題で相撲界が非難を浴び、優勝者への外部表彰をすべて辞退した時には、逆境に立ち向かって３場所連続となる全勝優勝を果たし、天皇賜盃のない表彰式に臨んで涙を流しました。

平成23年（２０１１年）３月場所、八百長が発覚して65年ぶりの本場所中止に追い込まれ、そこに東日本大震災という未曾有の事態が加わった時には、自らの強い意志で被災地を訪れ、鎮魂の土俵入りを披露して被災者を勇気づけ、５月に、入場無料でテレビ中継もなく、賜盃も授与されないという前代未聞の形式で開催された技量審査場所では、７連覇を達成しました。

新型コロナ禍での無観客という異例の場所でも、横綱である自分が土俵に上がり、相撲を見せなければならない――そんな思いを胸に、土俵に上がったのです。

こうして幕を開けた3月場所。初日を白星で飾った横綱は、宿舎に戻ると土俵入りについて話しました。

「変な感じだった。人がいないから、どこに向かってせり上がったらいいかわからない。けどね、テレビの前で見てくれている人のことをイメージしたんだよね」

2日目からも白星を連ねた横綱は、7日目には御嶽海関との全勝対決を制し、単独首位に立ちます。内容的にも相手を圧倒する相撲ばかりで、多くのファンは、横綱の充実ぶりを感じたことでしょう。しかし、実際には綱渡りの連続でした。まず初日、遠藤関に叩き込みで勝った時、古傷の右足親指を痛めてしまったのです。その後も、やはり古傷のヒザを痛めるなど、試練が続きました。痛み止めを打ちながら土俵に上がり続ける横綱の体をケアしながら、「もう、今場所は休場した方がいいんじゃないか」と思うことが何度もありました。

そして迎えた10日目、阿武咲関に押し出されて初黒星。12日目には正代関にも寄り切られて2敗目を喫してしまいました。

休場してもおかしくない状況だったことは間違いありません。それでも、横綱はギリギリの状態で何とか持ちこたえ、土俵に上がっていました。

背中を押したのは、やはり、横綱としての責任感でしょう。2敗目を喫した時点で、優勝争いは、1敗で平幕の碧山関が単独首位に立ち、2敗で白鵬関と鶴竜関の両横綱と、関脇朝乃山関が追うという展開になりました。直前の1月場所には、白鵬関も鶴竜関も休場して横綱不在の中、徳勝龍関が平幕優勝を果たして話題となっていました。無観客開催という異例の場所で、2場所連続で平幕優勝を許してはならない。2敗で並ぶ鶴竜関と自分が賜盃を争い、番付の違いを見せつけなければ——そんな気持ちだったことでしょう。

そして迎えた13日目の結びで、横綱は同じく2敗の朝乃山関と対戦しました。

この日はすでに、1敗で単独首位だった碧山関が敗れており、この時点では、碧山関と、結びの一番前で勝った鶴竜関、そして横綱と朝乃山関の4人が首位に並んでいましたから、優勝争いを左右する大一番です。

さらに、この場所、大関取りがかかっていた朝乃山関にとっては、勝てば大関昇進も確実にできる、大きな意味を持った一番でした。それまでの白鵬関と朝乃山関の顔合わせは白鵬関の2戦全勝。そんな大きな壁を超えることは、単なる1勝以上の意味を持ちます。

そして、だからこそこの一番は、横綱にとってもまた大きな意味を持ち、楽しみにしていた一番でした。朝乃山関は、明日の土俵を背負って立つと期待される逸材です。かつて、稀勢の里関の前に何度も立ちはだかったように、そんな力士に対して壁となることは、横綱の責任の一つだと、横綱は心得ていました。今場所は何としても出場しなければならない――横綱としての責任感は、たとえ体調は万全でなくとも、横綱が今場所の土俵に上がり続ける理由の一つ

異例の無観客で開催された令和2年（2020年）3月場所13日目、2敗同士の大一番で朝乃山を圧倒し、大関取りの壁として立ちはだかった

となっていました。

そんな、両者にとって大きな意味を持った一番は、横綱の快勝で終わりました。まっすぐ当たって一気に走り、そのまま押し出した内容は、力の差を見せつけるものでした。結局、朝乃山関は翌日の14日目、鶴竜関にも大熱戦の末に敗れたものの、千秋楽は大関貴景勝関に勝ち、場所後に大関に昇進します。しかし、両横綱に敗れたことは、悔しさとして胸に残ったはずです。近い将来、朝乃山関が綱取りの正念場を迎えたら、横綱が再び壁として立ちはだかる日がくるでしょう。その時、いったいどんな相撲が繰り広げられるのか。横綱はその日を待ちわびていると思います。

父の写真をカバンにそっと忍ばせる

3月場所の優勝争いは、14日目、横綱が2敗同士の対戦で碧山関を一蹴し、

2敗の鶴竜関が3敗の朝乃山関を降したことで、千秋楽結び、白鵬関と鶴竜関との横綱同士の相星決戦で雌雄を決することとなりました。

14日目の夜、宿舎に戻ってきた横綱の姿から、私は13日目までとは違ったものを感じていました。無観客という異常な事態で迎えたこの場所、横綱の姿からは、横綱として責任をまっとうするには優勝しかないという、なみなみならない決意が感じられていました。

翌日の千秋楽の朝、稽古場に姿を現した横綱は、いつになく入念に、一つひとつ、丁寧に四股を踏んでいました。その背中からは、大一番に向けて集中力が研ぎ澄まされていることが伝わってきました。こういう時の横綱は、必ず優勝する――そう感じました。

それが確信に変わる出来事が、宿舎を出て会場に向かう時に起こりました。横綱は、地方場所には必ず、亡くなった父・ムンフバトさんの写真を持ち込み、自分の部屋の机の上に飾っています。それがこの時は、会場に出る直前に手を伸ばし、その写真を取り上げて、カバンの中にそっと入れたのです。気付いた私は「アッ」と思いました。そんなことはこれまで、一度もしたことがありません。しかし、横綱の振る舞いは、まるで毎日そうしているかのような、ごく自然なものでした。私もぐっと言葉を飲み込み、何も見なかったようなふりをして見送りました。

そもそも、横綱が地方場所に、亡きお父さんの写真を持ち込んでいる理由を、私はあえて横綱に尋ねたことはありません。しかし、それが、横綱のお父さんへの深い尊敬の念の表れであることは明らかです。モンゴル相撲の大横綱である偉大なお父さんから生前、かけられてきた言葉や、示されてきた態度は、横綱にとって自らを導く何よりのお手本であり、迷いを払って進む道を照らしてくれています。そんなお父さんの写真が近くにあることで、見守られ、力をもらっていると感じるのかもしれません。

しかし、これまで、その写真をカバンに入れて本場所に持っていくことはあ

新型コロナ禍で無観客開催となった令和2年(2020年)3月場所、無事に15日間を乗りきり、東西力士が控えに立ち並ぶという異例の状況で行われた千秋楽の表彰式。番付最上位の東横綱として東方力士の先頭に立った白鵬は、見事に13勝2敗で優勝を果たし、天皇賜盃を受けた

りませんでした。それなのに、この場所は初めて、優勝のかかった千秋楽の大一番を前に、ごく自然に写真をカバンに入れた――。そこに私は、新型コロナ禍で日本中が危機にある中、相撲を守りたい、日本の力になりたいという横綱の思いの強さを感じました。それほどの強い思いがあるのなら、横綱は優勝するに違いない――私は確信したのです。

それから数時間後、横綱は熱戦の末に鶴竜関を寄り切り、44回目の優勝を達成しました。全取組が終わった後の表彰式は、初日の協会挨拶の時と同じく、幕内全力士が東西の土俵下にズラリと揃う、異例の形で行われました。その東の力士たちの先頭にいる横綱が土俵に上がり、賜盃を受け取る姿に、横綱の強さを改めて思い知りました。

第六章

未来に向けて

覚悟と
信念を持つ

相撲に人生をかけている

ここまで、横綱がいかに「勝つ」ことにこだわり、そのためにどんな発想で稽古や日常生活に臨み、実行しているかを紹介してきました。そのすべてを貫いているのが、次の言葉です。

「自分は相撲に人生をかけている。だから、負けちゃいけないんだよ」

そう語る横綱の顔は真剣そのものです。「本場所の取組は、生きるか死ぬかの勝負だと思っている。明日殺されると思ったら、死ぬ気でやるでしょう」と語ったこともあります。生きるか死ぬかなんて、今の時代には大げさだと感じるかもしれません。しかし、横綱の姿を見ていると、それは決して誇張ではないと思えます。

アスリートの中には、試合前に意気込みを聞かれて「楽しんで戦います」と答える選手がいますが、生きるか死ぬかの勝負をしている横綱に、それはあり得ません。横綱は言います。

「楽しさは関脇まではあった。大関、横綱ではなくなったね」

一つの黒星が人生を左右することになる。「あの時、ああすればよかった」と後悔したくない。だから、「勝つ」ことに徹底的にこだわり、稽古では一切手を抜かない。本場所中、毎日の取組を中心に、午後6時から一日が始まると考える。そのために、あらゆる準備を怠らない。五感を研ぎ澄ませて体の声を聴き、できることはすべてやり尽くす。

たとえ全勝優勝したとしても、翌場所も勝てる保証などどこにもない。だから、過去を捨て、今の自分を客観的に見つめて、万全の準備をする。自分は土俵際に弱く、「勝った」と思って気を抜いて負けていた苦い経験があるから、「勝ったかもしれない」と思っても気を引き締めて、勢いよく押してしまう。もしも負けたら、自分が「弱い」からだと認め、次に勝つためにどうすべきかを考え抜き、準備をする。また、次の場所、初めて対戦しそうな相手には巡業や出稽古で胸を出し、その力を測っておく。すべてが、「相撲に人生をかけている」という信念から生まれているのです。

「一生懸命」という言葉がありますが、横綱の場合は、「一勝懸命」だと、私は常々感じています。

偉大な父のためにも

横綱はなぜ、「相撲に人生をかけている」という信念を持つようになったのでしょうか。

まず思い浮かぶのが、モンゴルの英雄である父・ムンフバトさんの存在です。ムンフバトさんは、モンゴル相撲の大横綱であり、レスリングではオリンピックに5大会連続出場し、メキシコ五輪では銀メダルを獲得して、モンゴルにとってあらゆる競技で初のメダルをもたらしました。まさしく、モンゴルの国民的英雄です。私は、お父さんの体もマッサージしたことがあります。すでにご高齢でしたが、とても背中が大きくて、驚いたことを覚えています。

横綱は、そんな偉大な英雄の子としてモンゴルに生まれ育ち、15歳の時に日本にやって来ました。体重60キロ足らずのか弱い少年は、異国の相撲部屋の集団生活で、厳しい稽古に耐え、ご飯やちゃんこを無理やりお腹に流し込み、慣れない雑用に追われました。初めて番付に付いた場所で負け越し、将来、出世できる保証もありませんでした。力士をやめてしまったとしてもおかしくありません。

辛い時にはベランダから空を見上げ、涙を流していたと聞きます。そんな時、

メキシコ五輪で入場行進をする、白鵬の父・ムンフバトさん

横綱の頭の中に浮かんだのが、尊敬するお父さんの姿でした。「このままモンゴルに逃げ帰ったら、お父さんが笑い者になる。恥をかかせるわけにはいかない」と歯を食いしばったそうです。「一人前の力士になるまではモンゴルに帰れない」――覚悟が、ダヴァジャルガル少年の心の中に、しっかりと根を生やしました。

大鵬さんの言葉

少年の覚悟が、「相撲に人生をかける」という思いにまで結実したきっかけが、横綱に昇進したばかりの頃に受けた、大横綱大鵬さんからの教えでした。

大鵬さんは、おもに1960年代、高度成長期に土俵の王者として君臨し、圧倒的な強さを発揮した大横綱です。どれほど強かったかは、優勝回数が物語ります。大鵬さんが登場するまで、優勝回数の記録は双葉山の12回（年2場所

月刊『相撲』平成26年(2014年)7月号の企画で白鵬と父・ムンフバトさんが対談した際の貴重なツーショット

制の時代）でした。それをあっと言う間に抜き去り、32回にまで伸ばしたのです。後の横綱北の湖、千代の富士、朝青龍が迫りましたが、それぞれ24回、31回、25回で及ばず、不滅の記録といわれました。

白鵬関が横綱になった当時、大鵬さんはご存命でした。当時の白鵬関はまだ優勝3回。優勝32回の大鵬さんは、はるか上に仰ぎ見る存在です。そんな大横綱の教えを乞うべく、何度か話を聞きに行ったそうです。私が横綱と知り合ったのは、横綱昇進後何年も経ってからですが、新横綱当時、雲の上の存在の大鵬さんから聞いたこんな話を、横綱の口からよく聞かされました。

「大鵬さんに、言われたんだよ。

『私は、横綱になった時は引退することを考えた』ってね。

ビックリした」

当時、横綱はまだ22歳。若くして横綱になり、日の出の勢いです。大鵬さんが横綱になったのは21歳の時で、以降、最強の横綱として君臨し、優勝は32回を数えました。自分も、大鵬さんのようにこれからどんどん優勝を積み重ねたい。そのための秘訣を聞きたいという、前向きな気持ちでいたことでしょう。ところが、そんな大鵬さんから言われたのは、「引退することを考えた」という言葉だったのです。びっくりしたのは無理もありません。

横綱は、いくら負けても大関に番付が下がることはありません。それは、特権ですが、一方で、弱くなったら、潔く土俵を去らなければいけないということでもあります。

22歳といえば、多くの若者がまだ親のすねをかじり、大学に通って、スポーツに趣味に恋愛にと、青春を謳歌している年齢です。しかし、横綱は15歳の時に故郷のモンゴルを離れて日本にやって来て、稽古の辛さや孤独に耐えながら努力を続け、22歳の若さで横綱に上り詰め、夢を叶えました。ところが、その瞬間、負けたら引退しなければならないという、これまで以上に厳しい試練を突き付けられたのです。抜群の成績を残し、出世した若手有望社員が、トップに立った途端、いつなんどき、経営責任を問われて辞任に追い込まれるかわからない立場となったようなものです。

当時はまだ帰化していませんから、日本国籍が条件の年寄名跡の取得も叶わず、親方として相撲協会に残ることもできません。しかも、横綱はこの時すでに結婚して子供もいました。もしも引退しなければならなくなったら、どうやって家族を食べさせていけばよいのか——そう考えて恐ろしくなったそうです。大鵬さんに話を聞かない方がよかったと思ったとも言っていました。

しかし、横綱はこの言葉から逃げず、しっかりと受け止めました。それは、当時の横綱自身が、さまざまな試練を乗り越え、22歳という年齢とは思えないほど成長していたからでしょう。以前、小結から関脇に駆け上がる頃の横綱はインタビューに答えて、こんなことを言っています。「今はまだ下だから上の人を倒すと盛り上がるけど、番付が上がったらそうじゃなくなるのかなと思うんです。強すぎる人は嫌われるような気がするけれど、強くて優しい人なら好きになってもらえるのかな」。横綱になるために必要なことを問われると、「稽古に精進すること。自分に厳しく、人に優しくありたい」――（月刊『大相撲』平成17年〈2005年〉3月号、読売新聞社刊より）。この時、横綱は19歳。そこまで深く、相撲や自分、人間について考えていることに驚かされます。

そんな横綱だからこそ、大鵬さんの言葉に驚き、絶望しながらも、前を向くことができました。「負ければ引退」という恐れは、「絶対に負けられない」という強い気持ちにつながりました。

「この1敗が相撲人生を短くするかもしれない」という思いが、一つの白星を追い求める姿勢につながり、「勝つためにどうすればよいか」をとことん考え、実践するようになりました。基礎基本である四股、テッポウ、スリ足を誰よりも大切にし、地道な努力を続けてきました。こうして、「相撲に人生をかけている」という覚悟が備わったのです。過去を捨て、今を見つめて最善を尽くすという姿勢も、そこからつながっています。

「横綱とは負けないもの」というぶれない信念を軸に持ち、それを実現するために最適な生活環境や稽古方法、取り口を考え、実行する。ぶれない信念を持つということは、私自身が学んだ姿勢でした。

横綱に昇進して3カ月ほどの平成19年（2007年）9月、尊敬する大横綱・大鵬と相撲博物館の館長室にて（写真提供：NHK大相撲中継）

応援を
力に変える

孤独でネガティブな日

「相撲に人生をかけている」という強い気持ちを持った横綱も、か弱い少年・ダヴァジャルガルに戻る時があります。

本場所で手痛い黒星を喫して、「自分は弱いね」「どうしてこんなに弱いのかな？」とこぼす時などがそうです。すでに述べた通り、そんなふうに少年に戻り、自分の弱さを認められることこそが横綱の強さを支えており、一通り弱さをさらけ出した後は、気持ちを切り替えて次の取組へと向かうのですが、いつまでもダヴァジャルガルのままで、なかなか白鵬に戻らない時があります。孤独でネガティブな日です。そんな時に、「白鵬とダヴァジャルガルは違いますよね」「白鵬になってくださいね」と言葉をかけたこともありました。

大鵬さんの優勝32回という記録に並び、超えた時、横綱が葛藤していたという話はすでに書きましたが、その時も、ダヴァジャルガル少年の顔からなかなかか戻れませんでした。

横綱にとって大鵬さんは、憧れの人でした。横綱になったばかりの頃から話を聞き、目標と定め、大きな背中を追い続けた、偉大な横綱でした。その背中が目の前に近づいた時、ほんとうに自分が大鵬さんを超えていいのかとひるみ、怖くなったのです。「並ぶのはうれしいけど、超えるのは怖い」とも話していました。その気持ちの奥底には、おそらく、「モンゴルから来た自分が超えていいのか」という思いもあったでしょう。

「日本人はみんな、稀勢の里を応援するんだろうな」

稀勢の里関の前に立ちはだかった時もそうでした。横綱になって初の休場からの復活優勝を果たした翌場所、平成28年（２０１６年）5月場所のことです。この場所、横綱は前場所に続いて好調で、初日から白星を連ねました。これに食らいついたのが大関稀勢の里関です。互いに譲らず、全勝街道を並走し、優勝争いは二人のマッチレースとなりました。今度こそ優勝、横綱昇進という稀勢の里関ファンの期待が日に日に高まりました。そして、13日目、二人が全勝同士で激突する大一番を迎えました。朝、稽古を終えて横綱と二人きりになった時、その表情を見た私は驚きました。何とも不安そうな、迷いに満ちた顔をしていたのです。あんな表情を、それまでも、それからも、私は見たことがありません。横綱はこうつぶやきました。

「今日は、日本人はみんな、稀勢の里を応援するんだろうな」

横綱が稀勢の里関、豪栄道関、遠藤関といった日本人の人気力士と対戦する時、会場は相手への声援に包まれます。普段は平然とした顔をしていますが、心中、穏やかでないものもあったのでしょう。隠していたそんな思いが、大一番を前にして顔を出したのです。横綱は、不安そうな表情のまま、本場所に向かいました。

いよいよ迎えた全勝同士の大一番、土俵に上がった横綱の表情からは、不安が消えているように見えました。稀勢の里関が十分の左四つに組み勝ち、右上手を取って寄り立てます。大歓声に包まれる国技館。しかし、横綱は反応良く動きながら下手投げを連発してしのぎ、のめった稀勢の里関の頭を右手で押さえてねじ伏せ、大熱戦を制しました。その瞬間、国技館を包んでいた歓声はため息に変わりました。

厳しい相撲を見せた土俵上の横綱の表情は鬼気迫り、迷いは感じさせませんでした。しかし、部屋に戻ってきた横綱の表情には、再び暗い影が差していました。

「逃げ出したいくらいだったでしょ?」という私の問いにうなずいた横綱は、こう言いました。

「休場していたら、日本中が喜んでいたでしょ? みんな拍手したでしょ?」

その姿は、稀勢の里関をねじ伏せた姿からはほど遠い、か弱いダヴァジャル

平成28年（2016年）5月場所13日目、葛藤を乗り越えて土俵に上がり、全勝同士の大一番で稀勢の里の前に立ちはだかった

ガル少年そのものでした。私はすぐに否定しました。

「何を言っているんですか。誰も喜びませんよ。横綱は日本の宝です。横綱自身がいちばん、横綱白鵬を過少評価しています。横綱自身がいちばん、日本人とかモンゴル人とか気にしていますよ」

するとと、「そうなんだよ」と受け入れつつも、横綱はこう続けました。

「自分や朝青龍関がいなかったら、日本人横綱が誕生していたよね。稀勢の里も魁皇関も……」

横綱は、自分を育ててくれた相撲や日本に感謝をしています。相撲も日本も大好きです。日本のファンから好かれたいという気持ちも当然あります。大鵬さんの記録を抜いた後、モチベーションを失いながらも復活したのも、横綱として責任を果たし、恩返しをしたいという気持ちからだと思います。しかし、何かと批判を浴び、土俵上では声援もほとんど聞こえない。少年ダヴァジャルガルに戻った横綱は、傷ついていました。

私は、胸がしめつけられるようになりながら、たまらず、勇気を持って伝えました。

「それは違いますよ！　横綱を応援している人はいっぱいいます。強い横綱を賛美する人はたくさんいます。いろいろ言う人は確かにいますけれど、気にし過ぎです」

それを聞いた横綱は、少し表情を和らげて、こう言ってくれました。

「今日、勝っていいのかなと思っていたんだけど、応援している人がいるからと、スイッチが入ったんだよ」

批判を浴びる一方で、横綱のことを理解し、心から応援する人はたくさんいます。

相撲ファンの多くは、厳しく勝利を求める横綱の相撲をテレビで見て、「強過ぎる」「厳し過ぎる」「怖い」といった気持ちを抱いているようです。「『横綱って笑うんですね』ってよく言われるんだよ」と横綱自身、苦笑いしていましたが、私からすると、普段の横綱は9割8分くらいはよくしゃべり、よく笑っています。ただし、本場所モードに入った時は、一転して厳しい顔になります。本場所の土俵上で見せるのはそんな顔ばかりですから、「笑わない」「怖い」と思われるのは無理もないかもしれません。しかし、実際に横綱に接して話をすると、そのギャップに、みんなファンになってしまいます。よくしゃべり、よく笑い、冗談も口にする。人間的な魅力にたちまち惹き付けられ、心から応援するようになります。そんな人たちへの感謝の気持ちが、土俵に上がる力になったというのです。

傷つき、悩みながらも周りの人への感謝の思いを胸に戦ったこの場所、横綱は14日目に勝って優勝を決め、千秋楽も勝って、全勝優勝を成し遂げました。

感謝の気持ちを示す

家族を大切にする

横綱は、さまざまな人への「感謝」を大切にしています。

とりわけ大きく、大切にしているのが、両親に対する感謝の気持ちです。

今は天国に召された父・ムンフバトさんは、モンゴルの英雄である以前に、横綱自身にとっての大英雄です。普段の生活でも、お父さんがモンゴル相撲で勝つ姿をＶＴＲでよく見ています。同じ力士として、戦い方についての、お父さんのさまざまな言葉を思い出しては口にすることで、心の安定を得てもいるのでしょう。横綱はよく、「親は一生超えられないからね」と言っています。

お母さんを大切にする気持ちも強く、心遣いも細やかです。横綱が31歳の時には、テレビショッピングで購入したミンクのコートをプレゼントしていました。その際の会話が印象的です。

私　「自分も母に何かしてあげようとは思っているんですが……」

横綱「してあげると思うんじゃなく、するのが普通で当たり前ですよ。

痛い思いをして産んでくれたんだから」


31歳の若さとは思えない言葉です。胸を打たれた私は、「日本の若者に伝えたい」とノートに書いています。この時もそうですが、私は横綱と話していると、人生経験を積んで達観した、おじいちゃんと一緒にいるような気持ちになります。年齢は私の方が7つ上なのですが……。

横綱は、モンゴルの家族とよく電話で話しています。5人きょうだいの末っ子で、一番上の兄、3人の姉を思う気持ちも深く、テレビ電話をつなげることもしばしばです。末っ子だからでしょうか、きょうだいみんなからかわいがられ、支えられて、その愛情が大事なエネルギーになっているのがわかります。

お姉さんの一人はサポートのために、10年ほど前にモンゴルから日本に出てきました。そばにいてもらうことで、横綱は大きな安心感を得ているのです。

お母さんには、ヒザの手術をした後に、心配させてはいけないと、すぐに電話をして元気な声を聞かせていました。

「仲がいいですね」と私が言うと、「先生は最近、お母さんと話した?」と逆に尋ねられました。私が両親に対する感謝の念をあまり示さないことを、横綱は不思議に思うようでした。離れて暮らす母とはしばらく、話をしていないと私が言うと、横綱は「電話してよ、今」と促しました。そして、久しぶりに実家の番号を押した私が電話を代わると、母にこう言ったのです。


「お母さぁん、白鵬です。

ありがとうございます。

大庭先生にいつも助けられてます」

横綱は、私の母のことまで気にかけてくれるのです。以来、私も母を大切にする気持ちが強まりました。後日、母にもう一度電話をすると、こんなことを言っていました。「横綱の声を聞いて、思わず背筋が伸びて正座したよ。すごくうれしかった。あんたのこと思ってくれていて、ありがたいね」。横綱のおかげで、自分も親孝行ができたかなと思っています。

九州場所では千秋楽のパーティーに、福岡に住む私たち家族を、横綱が招待してくれます。私の子供たちに会うなり、「いつも、パパを貸してくれてありがとうねー」と声をかけ、妻にも深々と頭を下げて感謝の言葉を伝えてくれるのです。場所後にわざわざ私の自宅まで足を運んで、家族と食事する時間を作ってくれたこともあります。父として夫として誇らしい気持ちにさせてもらい、私の方こそ横綱にほんとうに感謝しています。私が全力で横綱をサポートできるのは家族の支えがあるからと、横綱はよくわかっていて、その存在も大切にしてくれています。

そしてもちろん、横綱が深く感謝しているのが、妻の紗代子さんと4人の子供たちに対してです。場所中には毎日のように子供たちからの応援メッセージが動画で届きます。横綱はそれを見ては元気をもらって感謝の気持ちを強くしているのです。

紗代子さんは地方場所の時は、わざわざ東京から駆けつけて場所前や場所の後半になると、横綱の大好きな羊肉を使ったモンゴル料理などを作って励ましています。夫のサポート、子育て、毎日の家事など大変だなぁと私は常々感じています。紗代子さんの姿を見て、横綱は「ありがたいね。主婦って、休みのない仕事だからね。大変だよね」と、しみじみ語っていました。感謝の気持ち、リスペクトの気持ちがこもっているのがよくわかります。

紗代子さんは場所前、私に「15日間、よろしくお願いします」と言って、いつも頭を下げてくれます。横綱も、今でも場所前の食事の際に必ず、「15日間、よろしくお願いします」と言ってくれます。感謝の心を常に忘れないことの尊さを、私は二人から教わっているのです。

心で感謝することは大事です。さらに、それを行動で示したり言葉にしたりすることで、誰もが笑顔になります。「当たり前のことをできるかできないか」。相撲を語る時の横綱の言葉ですが、日常的に行っているからこそ、勝負の時にそうできるのでしょう。そんなことにも気付かされました。

土俵に上がるたびに師匠への感謝を唱える

ほかにも、横綱が深い感謝の念を抱いている人物がいます。師匠の宮城野親方です。先日、その感謝の深さを改めて思い知る機会がありました。

本場所の取組を前に、花道を入場してきて土俵下の控えに座ります。ここで、これからの相撲の展開を思い描いたりすることはすでに触れました。取組への準備を整え、呼出しに呼び上げられて、土俵に上がります。その時必ず、心の中でこう唱えていると明かしてくれたのです。

「今日も親方のおかげで土俵に上がれます。ありがとうございます」

最近になってから始めたわけではありません。初土俵を踏んで以来、今まで1400回以上も本場所で相撲を取ってきました。そのたびに欠かさず、心の中で感謝の言葉をつぶやいてから土俵に上がるというのです。

この言葉の原点には、モンゴルから来日したばかりの頃の苦い思い出があります。横綱は15歳の時、「力士になりたい」という志を胸に、モンゴルから若者6人と一緒に日本にやって来ました。どこの部屋に入るというあてがあったわけではありません。大阪のアマ相撲の強豪・摂津倉庫の土俵で相撲の基礎を教わりながら、相撲部屋からのスカウトを待っていたのです。若き日の横綱、ダヴァジャルガル少年は、モンゴル相撲の大横綱の息子とはいえ、体重はわず

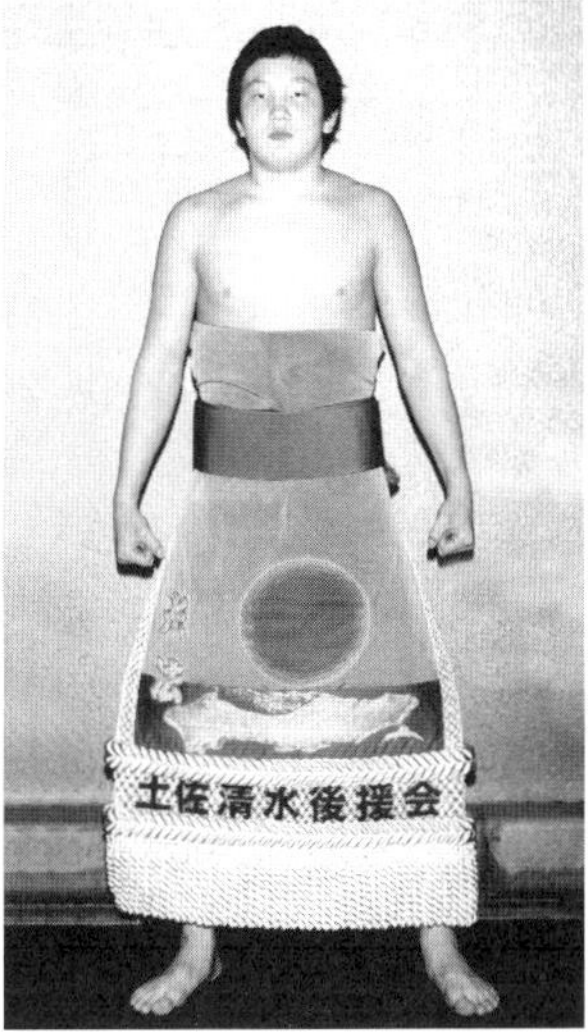

初土俵の時は80キロだった体重が、今では151キロになった

か60キロの、もやしのように細い少年です。なかなか声がかかりません。のちの幕内猛虎浪関（立浪部屋）、十両千昇関（式秀部屋）らに声がかかり、一人、また一人と荷物をまとめて東京へと向かいます。しかし、ダヴァジャルガル少年は取り残されました。寂しさと虚しさが募る中、いよいよ明日にはモンゴルに帰らなければならないという日になりました。すでにモンゴル行きの飛行機のチケットも手配していたそうです。

そんな時、手を差し伸べてくれたのが宮城野親方でした。状況を聞いたモンゴル出身の旭鷲山から師匠の大島親方（元大関旭國）を通じて連絡を受け、将来性を見込んで引き取ることに決めたのです。こうしてダヴァジャルガル少年は急遽、東京に向かい、宮城野部屋に入門することになったのでした。

もしもこの時、宮城野親方が手を差し伸べてくれなかったら、力士になる夢は叶えられなかったのです。ダヴァジャルガル少年が、親方への感謝の念を胸に土俵に上がったのは、自然な気持ちといえます。とはいえ、そんな気持ちも

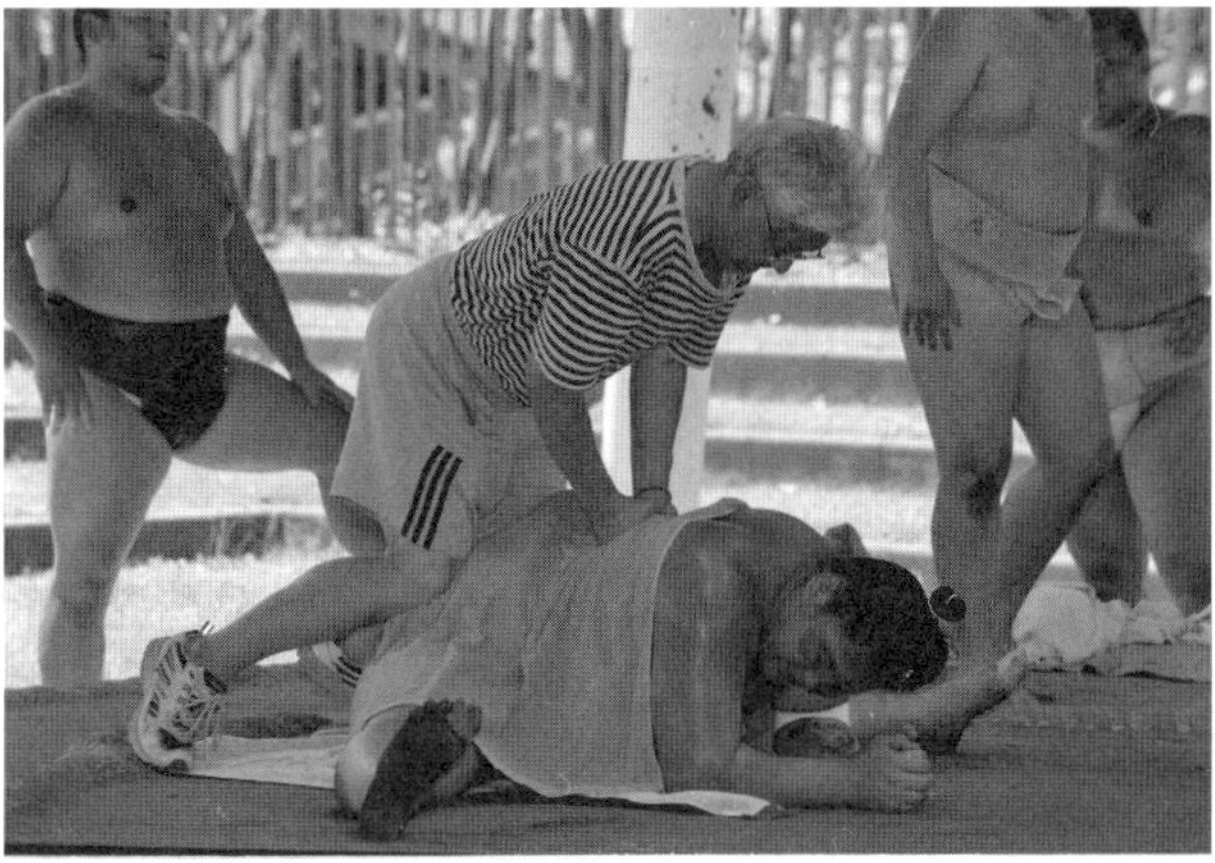

平成16年（2004年）8月、神奈川県横須賀市での合宿で、宮城野親方が当時平幕の白鵬をストレッチ

月日が長くなるにつれて薄れていってしまうものでしょう。しかし、横綱は初心を忘れず、20年近くにわたって胸に抱き続け、土俵に上がるたびに心の中で感謝の言葉を唱えているというのです。横綱は当たり前のことのように語りましたが、それは驚くべきことではないでしょうか。

土俵に上がる時だけでなく、横綱は日頃からよく、「宮城野親方がいなかったら、今の自分はいない」と口にしています。師匠が稽古場にいない時には、師匠の代わりとして目を光らせています。親方は横綱の相撲にしばしば的確なアドバイスを送り、横綱も真摯にそれに耳を傾けています。互いに信頼し合った関係は、ほんとうの親子のようです。最近は、なんだか顔つきも似てきたような気がします。

それにしても、6人で来日した若き日の横綱が、最後まで声をかけられなかったとは驚かされます。「残り物には福がある」といわれますが、まさか横綱も「残り物」だったとは、誰が想像できるでしょう。体の小さな子供たちも、あきらめずに努力をすればチャンスが来ると、希望を胸にしてほしいと思います。

土俵の上のごみを拾う

横綱が感謝するのは、人に対してだけではありません。

横綱はよく、稽古場や土俵上の、小石やテーピングの切れ端などのごみを気にして拾います。ある時、本場所前に付け人たちに、こうつぶやきました。

「土俵が喜ぶからね。こうして感謝の気持ちを表しておくと、きっと、土俵際で際どい勝負になった時、土俵の神様が助けてくれるんだよ」

土俵に限らず、横綱はきれい好きで、整理整頓を心掛けています。それは、身の周りのすべてのものに感謝する姿勢の表れなのかもしれません。

私たちも身の周りをきれいに片付けることが必要ではないでしょうか。使っている場所や道具に敬意を表する、環境を愛することが大事なのだと感じています。

相撲への恩返しをする

横綱は、何よりも「相撲」そのものに深い感謝の気持ちを抱いています。細くてか弱いダヴァジャルガル少年が、横綱白鵬としてたくましく成長できたのは、相撲と出会えたからこそだと考えているのです。相撲に人生をかけ、相撲に打ち込む中で、その魅力を誰よりも深く知りました。横綱という、「負けたら引退」という地位に上り詰め、そんな厳しさから逃げず、白星を積み重ねる中で、横綱が強さを見せつけ、勝つことは、自分のためではなく、自分を育ててくれた相撲への恩返しにもなるのだと気付きました。勝つことこそが、横綱の責任を果たすことなのだと確信しました。

野球賭博などの不祥事が続き、人気が低迷して観客が激減した時にこそ、横綱として強さを見せつけて、土俵を締めました。コロナ禍で無観客となった令和2年（2020年）3月場所、満身創痍の体で土俵に上がり、優勝を果たしたのもそんな思いからです。

また、不祥事が続くことに心を痛め、このままでは大相撲の人気が落ちて、力士になりたいという子供たちの夢がなくなるのではないかと危機感を抱き、未来を作るためにと始めたのが、少年相撲大会「白鵬杯」です。そもそも以前から、プロスポーツとしての大相撲が人気を集め、相撲を見る人たちがたくさんいる一方で、相撲を取る人は決して多くありません。そんな状況も憂慮した横綱は、自らの四股名を冠した少年相撲大会を開き、相撲を取る子供たちを増やしたいと考えたのです。

理念に賛同する人たちとともに、平成22年（2010年）12月に第1回がスタートした大会は、年を追うごとに成長し、令和2年（2020年）2月に開かれた第10回の記念大会には、日本だけでなく、横綱の母国のモンゴルやアメリカなど13の国と地域から、1100人以上が参加して行うほどの規模へと成長しました。第1回大会に参加した阿武咲関など、この大会を経て大相撲に入門している者も少なくありません。

現役の横綱が、自分の四股名を冠した少年相撲大会を立ち上げるなど、前代未聞のことです。しかも、横綱がこの大会を始めたのは25歳の時です。最初は懸賞金で運営費の一部を補っていたそうです。そんな若さで、自ら動ける行動力や感覚に、驚嘆せずにはいられません。早くから相撲の未来を見据えていたのは、横綱がさらに若い頃から真摯に相撲と向き合い、相撲の魅力を知り、相撲への深い感謝の思いを感じていたからなのでしょう。

令和2年(2020年)2月2日、両国国技館で行われた第10回白鵬杯の開会式で、13の国と地域から集った1100人以上の子供たちとともに

リスペクトの気持ちを持つ

ルーツを学ぶ

感謝の気持ちにも通じますが、横綱は、リスペクトの気持ちも大切にしています。自分が土俵に上がれるのは、先輩力士たちが築いてきた伝統あればこそ、と深く理解しているのです。

そのため相撲の歴史もよく勉強しています。

日本に限らず、世界の相撲にも興味を持って、それがどう日本に伝わってきたのか、丹念にルーツを学んでは記憶していて、私にも話してくれます。

「アフリカにもヨーロッパにも相撲の原型はあって、エジプトには壁画が残っている。シルクロードじゃないけど、相撲はいろいろな地域を渡ってきて、花が咲いたのが日本とモンゴルなんだね」

実は、「土俵の鬼」と呼ばれた横綱初代若乃花さんが、30年ほど前に、相撲のルーツを旅するテレビ番組に出演した際、モンゴルにも出かけ、横綱のお父さんに会っています。当時、ダヴァジャルガル少年は6歳。若乃花さんからお菓子をお土産にもらって一緒に写真を撮ったことを覚えているそうです。45代横綱と、のちの69代横綱が、そんなに前に出会っていたとは、不思議な縁を感じます。

私たちは、自分の仕事がどんなふうに始まったのか、ルーツに思いをはせることがあるでしょうか。広い視野を持ち、目に見えないものを大切にする姿勢は、学ぶべきところでしょう。

行動に移す

横綱は、歴史を学ぶだけではありません。学んで何かを感じると、すぐに行動に移します。

日本の相撲の起源は、野見宿禰《のみのすくね》と当麻蹶速《たいまのけはや》による天覧相撲とされています。

横綱初代若乃花の花田勝治さん（中央）と白鵬の父・ムンフバトさん（左）。写真には写っていないが、ここに6歳の白鵬もいた

奈良時代の歴史書『日本書紀』に登場するこの二人は、第11代垂仁天皇の命で力比べをして、野見宿禰が勝ちました。蹶速はあばら骨や腰の骨を折って死んだとされます。相撲の祖とされる二人へのリスペクトも横綱は強く抱いていて、事あるごとにゆかりの場所を訪れます。

東京五輪が近づいた令和2年（2020年）2月には、兵庫県たつの市にある野見宿禰の墓にお参りに出かけました。当麻蹶速の資料が多く保存された奈良県葛城市の相撲館「けはや座」にも改めて足を運んで、歴史に思いをはせています。

もちろん、歴代横綱への思い、尊敬の念も深く、特に双葉山さん、大鵬さん、北の湖さん、千代の富士さんを大変リスペクトしています。双葉山さんのお墓参りにも何度も出かけています。その大横綱の69連勝記録に挑む際には、生誕の地である大分県の宇佐神宮を訪れ、手を合わせています。不滅の大記録を抜くことへの恐れや迷いがあったのでしょう。年2場所制で3年にわたり負けな

兵庫県たつの市にある野見宿禰の墓にて

しを続けた双葉山に対して、白鵬関は年6場所制で1年弱での挑戦でした。そんな違いもあってか、否定的な声も聞こえる中での戦いに、大きな葛藤がありました。帰路、横綱は大鵬さんに電話をします。「(記録を)抜いていいのでしょうか」と心の内を口にしたのです。大鵬さんの答えは、力強かったといいます。

「我々は挑戦してできなかった。チャンスがあれば、ぜひやってもらいたい」

結果的に連勝は63で止まりましたが、その道のりでこんなふうに行動し、考えている横綱の姿に、私は感銘を受けます。リスペクトをどんな時でも忘れないのです。

つい最近、知ったのですが、横綱の土俵入りは、完全なオリジナルではないそうです。蹲踞は双葉山さん、四股は大鵬さんを見本にしているのです。横綱は「好き過ぎて、真似している」とにこにこしていました。

第35代横綱双葉山

白鵬は、東京・荒川区東日暮里の善性寺にある双葉山の墓にしばしば足を運び、手を合わせる

平成31年（2019年）1月19日、大鵬の命日には自宅を訪れ、仏壇に手を合わせた（写真提供：大鵬企画）

運をつかむ

横綱の行動力といえば、ほかにも思い出すことがあります。

平成26年（２０１４年）、30回目の優勝を達成した時のことです。その7月場所に入る前に、滋賀の長浜で合宿がありました。過去の優勝記録は大鵬32回、千代の富士31回。白鵬関は、30回の大台に挑むことへの恐れがあったといいます。

「僕でいいのか、僕が３人目の男でいいのか」

己に問いかけた横綱は、長浜城に登ります。長浜城は、豊臣秀吉が、織田信長の家臣だった頃に初めて築いた城。天下統一の原点ともいえる場所です。

目に見えないパワーを取り込み、そこで横綱は覚悟を決めたのです。

横綱は「運」という言葉が好きです。そして、「自分が動かないと運は来ない」と、よく話しています。長浜城に行って覚悟を決めたのもそのためで

平成22年(2010年)9月場所7日目、千代の富士の53連勝を上回る54連勝となり、元横綱千代の富士の九重親方(左)と握手

す。行動を起こすことで前を向くマインドを引き寄せたのです。「先生、待っていても運は来ないよ」と、私も常々言われていますが、確かにそうです。しかも横綱がつかむ運は、自分のための運ではありません。横綱としての責任感や、応援してくれる人への感謝の気持ちから、みずから運を引き寄せているのです。

平成22年（2010年）9月場所で、4場所連続全勝優勝を遂げた時、横綱はこう話しています。

「運とは努力した人間に来るんだ。一つの努力ではダメだ。たくさんのいろんな努力があるからこそ運はやってくる。一つでも追いかけることは素晴らしいけれど、それだけでは頂点に届かない」

4場所連続全勝優勝のうちの3場所目は名古屋場所でした。賭博問題で日本相撲協会が優勝力士に贈られる天皇賜盃を辞退した、あの時のことです。さまざまな思いを胸に15日間、全力を尽くした横綱のもとには、トヨタ自動車社長の豊田章男さんからオリジナルのトロフィーが贈られました。そして、天皇陛下からは労いと祝福のお手紙が届きました。

運という字は、〝軍が走る〟と書きます。漢字の意味を知ってから横綱は、運をつかむためには「戦わないといけない。自ら動かないといけない」と、さらに強く意識するようになりました。

「心技体」の代わりに、横綱は「夢心運」を使います。

「豊かな心で運をつかんで、夢を叶える」

こう考えて、日々精進しているのです。横綱土俵入りで太刀持ちが使う刀に、横綱は「夢心運」の文字を刻んでいます。

すべてを宿命と受け入れる

気力を振り絞って戦い続ける

無観客で行われた令和2年（2020年）3月場所、横綱は2場所ぶり44回目の優勝を果たしました。

5月場所は新型コロナ禍で中止になり、迎えた7月場所。右ヒザを痛めて途中休場、8月に内視鏡手術を受けています。これが横綱自身、3回目の手術です。その影響から9月場所、11月場所はともに初日から休場。3場所連続休場は、初めてのことでした。

復活を期した令和3年（2021年）。1月場所に向けて順調な仕上がりを見せていた横綱に、またも試練が訪れます。本場所が始まる1週間前の1月3日、稽古の後でちゃんこを食べた時、「味がしない、においもしないな」と訴えたのです。稽古の時にも、いつもの横綱とは違っていました。普段に比べて少ししか動いていないはずでも汗がたくさん出ていて、力も入っていないようでした。「今日は息が上がっていますね」と声をかけたことを覚えています。「なんだかおかしいな」と稽古を途中でやめた横綱は、風呂に入り、そして食事をした際に、決定的な異変に気付いたのです。味覚、嗅覚に加え、鼻が詰まっているわけでもないのに鼻声だったところも、いつもとは違いました。すぐに病院に行き、翌日ＰＣＲ検査を受けたところ、5日に新型コロナウイルスに感染したことがわかったのです。都内の病院に入院。1月場所の休場が決まりました。

濃厚接触者の私は検査の結果、陰性。2週間の隔離生活を送り、その間、横綱とは毎日メールで連絡を取り合いました。

横綱は「応援してくださるファンや後援者のみなさんに申し訳ない」と、がっくりしていました。感染予防をしっかりしていたとしても、誰もが罹る可能性があるのが、新型コロナです。横綱ももちろん対策していましたが感染し、結果として「横綱の責任」を果たせないことに落胆していました。

幸いにも症状は軽く、1月13日に退院。次を目指し気持ちを切り替えるべく努めたようです。そんな横綱の心のケアをし、続く3月場所に向けて体を万全に戻すサポートをすることが、私の役目です。当たり前が当たり前でなくなるコロナ禍で、一人ひとり与えられた役目があるのかもしれないと、強く考えさせられました。

逆境にあっても、横綱は最善を尽くすことを続けています。

これまでも、ケガを抱えながら、優勝40回、史上最多白星、幕内1000勝など、目標を設定し、一場所一場所、すべての知恵と力を振り絞って土俵に上がり続けてきました。

目標を立て、クリアしては、また目標を立てて土俵に上がり続ける。相撲界の不祥事も、震災も、新型コロナ禍で無観客となった場所も越え、何があっても、ぶれずに続けることが相撲道と心得ています。

昭和39年（1964年）の東京五輪には父・ムンフバトさんがレスリング代

表として出場しました。今は天国で見守るお父さんのために、自分も同じ東京五輪まで横綱として貢献したいという思いを抱き、令和2年（2020年）夏を現役で迎えました。五輪が延期になったことで、気持ちが切れてもおかしくないと、実は私は思っていました。ところが、横綱の姿勢に変化はありません。やるべきことをやるしかない。それが横綱の責任だという覚悟があるのです。

横綱は、「宿命」という言葉をよく口にします。自分がモンゴルから日本にやって来て相撲の道に進んで味わった喜びも悲しみも、横綱になったことも、大鵬さんの優勝32回に向かって突き進み、超えた時に味わった複雑な思いも、それを乗り越えたことも、批判も励ましも、すべてが自分の宿命と受け入れ、今の自分を見つめて最善を尽くす——。

令和元年（2019年）9月には、横綱の日本国籍の取得が認められました。日本相撲協会のルールでは、親方になるには日本国籍が必要となります。そのため、日本に帰化するという決断を、横綱はしたのです。多くの弟子を育て、大相撲の発展に尽くしたいという一念からですが、モンゴル国籍を失うことで、故郷では批判的な声も少なくはありませんでした。横綱は史上最多の33回の優勝を果たした際、モンゴルで国民栄誉賞にあたる「労働英雄賞」を受賞した英雄で、国民からも絶大な人気を得ていたはずです。モンゴルを愛し国の代表として日本に来て、英雄と崇められた国を離れなければならない、その苦しみはいかばかりでしょうか。

モンゴル国籍を離脱して、日本国籍の取得許可が下りるのを待っていた令和元年（２０１９年）７月。モンゴルにも日本にも国籍がない「無国籍」の横綱は、国に帰ることができませんでした。場所後に、国に帰る予定で楽しみにしていましたが、場所終盤に帰れないことがわかると、こうつぶやきました。「今、俺は何人《なにじん》でもないということか。どちらにも国がないなんて、宇宙人かな……」。ひっそりと笑った顔は寂しそうで、私はどう声をかけていいかわからず、沈黙が続いたことを覚えています。モンゴルに最後に帰ったのは平成30

年（２０１８年）です。あれからコロナ禍もあり、いまだに故郷に帰っていません。「お母さんの顔をしばらく見られないな」と言う横綱の悲しそうな声が耳に残っています。

帰化から1年余り過ぎた令和2年（２０２０年）11月のある日には、突然、国籍を移す前の本名を、紙に書き始めたことがありました。

Мөнхбатын Даваажаргал（ムンフバト・ダヴァジャルガル）。

モンゴル語でペンを走らせ、

「俺の本名だけど、今はこの世にない名前なんだ」

と言うのです。

自分の名前がなくなるなんて、皆さん想像できるでしょうか。帰化するということがどれほど大変で、胸の締め付けられるような出来事か、私は思い知らされました。しかし横綱は、それもまた「宿命」と受け止めて、今、土俵に上がり続けています。

私は、そんなふうにすべてを受け止め、気力を振り絞り、戦い続ける横綱を間近で見て、横綱の力になりたいと思い、できる限りのことをしてきました。そして、大横綱のトレーナーという使命、天命を私も受け止め、ありがたいお役目だと肝に銘じ、横綱を支えていきたいと心の底から思っています。

いつの頃か、横綱から「先生、手に迷いがなくなったね」と言われたことがあります。ドキッとした私に横綱は続けました。「治療を受けていると、いろいろわかってくるんだよね。こっちも治療を受けるプロだからね」。これを聞いて私は、決して心と手を抜くことはできないと思いました。手はすべてを伝えるのです。一瞬でも気を抜くことはできません。少しでも気を抜いた瞬間、私は横綱にとってふさわしくないトレーナーになるだろうと思っています。互いにプロという誇りを持って、いい距離感で刺激しながら、価値あるものを作り出しているのだと、改めて気付いた瞬間でもありました。

横綱が最近、こんなことを言っていました。

「また新しい四股の踏み方を発見したよ」

横綱にとっては、進化することも、「宿命」なのかもしれません。
四股、テッポウ、スリ足。基本を繰り返すことを、横綱は大切にしてきました。動き自体はシンプルで単調かもしれません。それでも横綱は言うのです。
「毎日、同じことをやり続けることで、よい結果が出せていると思うんだよね」
簡単なことほど難しい、といわれます。若い頃にはわからなかったその意味を、横綱は今ではよく理解できると言います。同じことをやり続ける。この簡単で難しい行いが、横綱の相撲道、生き方をこれからも支えていくのだと、私は確信しています。

稽古でも仕事でも、難しければ難しいほど、きつければきついほど、誰もが

「早く終わらないかな」と考えてしまいがちだと思います。しかし横綱は違います。息が上がれば上がるほど、苦しければ苦しいほど、しんどければしんどいほど、脳にこう言い聞かせているそうです。

「今、俺は強くなっているんだ」

すべては自分の成長のためと脳に叩き込み、確信して、努力を続けています。人生には試練が訪れます。苦しい時、辛い時に、「自分は今、成長している時なのだ」と、思えるかどうか。それは、弱い人間が強く生きるために、大切な考え方ではないでしょうか。

ノートから気付きをくれた言葉たち

ここまで読んでいただいた読者の方はおわかりでしょうが、横綱には優れた「言葉力」があります。筋肉の状態を意識して、体と向き合う言葉を持っていることは書きましたが、その時ばかりでなく、考えたことを的確かつ、時にオリジナリティあふれる表現で、伝える力があるのです。

それはまた、勝ち続けるために自身を支える、大切な鍵であり、人を育てるためにも欠かせない能力ではないでしょうか。そんなことを感じさせる言葉をいくつも紹介してきましたが、本編で書ききれなかった横綱の「名言」のうち、特に私の印象に残っているいくつかをお伝えいたします。

●体と脳をフルに使って

「15日間は雑巾を絞り出すような日々なんです」

水が出ないけれど、絞り出す。カラカラのカラッカラになる。もう絞り出せないような気力と体力を消費する。そんな15日間を表現している言葉です。

●負けた翌日、勝って帰ってきて

「みんな当たり前のように勝つと思っているけど、勝つの、難しいんだよね。負けた次の日が一番難しい」

取組を「久々にドキドキして見ました」と伝えると、「ごめんね、心配かけちゃうね」と言った横綱が、続いてつぶやいた言葉です。

●立ち合いで自分に何を言い聞かせるか

「引いちゃダメと思っていたから、引いちゃったんだよ」

平成28年（2016年）3月13日、初日。立ち合いで引いてはいけないと自分に言い聞かせて臨んだのに、横綱は引いて負けてしまいました。引くというのは、相手が攻めてくることが前提です。この時もそうでした。「〝引いてはいけない〟ではなく、〝自分が前に前に行く〟と、言い聞かせないといけなかったね」と横綱。言葉を受け止める脳は、その言葉に引っ張られるのです。深い話です。

●究極の準備、確認

「白鵬と戦う」

ある時、自分で自分と戦うシミュレーションをしていると、横綱が突然言い出しました。「白鵬と戦う」ことで、自分の強みや弱みを認め、相手の攻め口に対する策を考えていたのでしょう。究極の準備、確認の一つです。どっちの白鵬が勝ったのか？　それはいまだナゾですが。

●勝負を続けるための信条

「人生は『我慢した者が勝つもんだ』と教えてくれた」

ある映画のＰＲでコメントを求められ、横綱が語った言葉です。苦しい稽古を徹底して行い、生きるか死ぬかの勝負を続ける横綱の正直な心情なのでしょう。「かっこいい言葉でしょ」と笑顔で話していました。

●通算最多勝利1048勝に到達した翌日

「先生、記録を更新しても、何事もなかったような朝が来るね。……いつもと一緒の朝」

平成29年（2017年）7月場所13日目、元大関魁皇さんの持つ最多勝利記録を更新。その翌朝の言葉です。鋭い感性を持つ、横綱ならではの一言に、胸打たれた私は、しっかり書き留めました。もちろんこの朝も、変わらず四股を踏む横綱の姿が土俵にありました。変わらない一歩が、次への1勝につながるのです。

●批判を受けて１

「先生、人生って難しいね。何しても言われるね」

時に周りから批判を受けることのある横綱です。憤りや悔しさを覚えることもあるはずですが、その心情を直接に訴えることはせず、物事を一歩離れたところから捉える姿勢に感心します。

●批判を受けて２

「強い人っていないんだよ。『人生って、戦う敵より大変だ』というね。生きていくっていうのは、戦う敵よりも大変だという意味なんでしょうね。……目に見えないから」

メディアから非難されて苦悩している時期に、あるテレビ取材の際に語った言葉。自分は最強といわれていても、強い人間なんていないんだ、目に見える敵と戦うことよりも、人生を歩むほうが難しいという、本音と実感のこもった一言です。

●お酒を控える理由

「みんなの喜ぶ顔が見たいから」

横綱は場所中にお酒を飲まず、食事には行っても二次会には参加しません。理由を聞くと、「一緒にいて、盛り上げてくれた人たちのために、勝たなくてはいけないとプレッシャーになるからね」と答えます。また、「もしも翌日負けてしまったら、一緒にいた人たちが飲ませたことを悔やむかもしれない。だから付き合わない」と言います。すべては勝って「みんなの喜ぶ顔が見たいから」。応援してくれる人のために土俵に立つ、横綱らしい言葉です。

●「蚊が止まってますよ」と私が言うと……

「悪い血だから吸わせておいて」

平成26年（2014年）7月場所4日目のメモから。蚊が血を吸うことが、体にもいいかもしれないと笑いながら話した横綱。蚊のことまで前向きに捉えるとは……普通でない発想に驚きました。本気か冗談かは、現在もわからないままです。

●言いたくないことも伝える

「見られているよ」

トレーナー帯同当初、横綱から注意されたことがあります。ちゃんこを食べている時に下を向き過ぎて、姿勢が悪いという指摘でした。「横綱のトレーナーなんだから、みんなから見られてますよ」と言われた時、恥ずかしくて背筋に電気が走り、変な汗が大量に噴き出たのを覚えています。言いたくないことでも、きちんと言ってもらえる。それも二人きりになってから、です。「先生」という立場に配慮して、伝えてくれたことに感謝しています。私自身も横綱白鵬のトレーナーとして、凛として姿勢良く、恥じぬようにしていかなければならないと覚悟を持った瞬間でした。メモには、「ありがたい。勉強」と書きました。

●稽古中に若手力士に対して

「今に対して一生懸命になれよ。3年後の稽古を、今やっているんだよ」

横綱は、稽古で若手力士にハッパをかけることが多いのですが、これもその一つです。「今しかないんだから、稽古が終わることだけを考えているんじゃないよ」とも言っていました。

●本場所で力を発揮できない力士に対して

「俺も本場所では（力を発揮）できないよ。だから稽古をいっぱいするよ」

あらゆる記録を打ち立ててきた大横綱白鵬も、本番で100の力は出せないということに、はっとさせられます。だから、準備、確認を徹底するのだと改めて感じました。

●戦いの落とし穴について若手力士に

「よしと思ったら危ないぞ。お前が十分と思ったら、相手は十二分なんだぞ」

勝ったと思った瞬間に油断が生じるので気を付けろということです。それを横綱は、取組をイメージしやすく、印象に残る言葉を使って説明しています。

●相撲をやめようか悩んでいた若手力士に

「力士は誇り、日本の宝なんだよ」

名古屋場所の宿舎で、ふすま一枚隔てた向こうで、相撲をやめようかと悩んでいた、当時18歳の弟子を横綱が諭していました。大きなスケールで、人としての成長の大切さを語る横綱の言葉を聞きながら、メモをとっていたことを覚えています。「横綱だって痛いところばかりで、本当は相撲取りたくないよ。けど、家族のため、親孝行もしたいし、俺が頑張れば部屋に差し入れしてもらったり、後援者にも若い子たちが出会ったりできるし、若い衆がそれで喜ぶから頑張っているんだよ。力士は誇り、日本の宝なんだよ。ちょんマゲなんだよ。明治時代、侍は（マゲを）切られたけど、力士だけは付けることを許されているんだよ。この力士の生活で、社会勉強して、第二、第三の人生に生かしていくんだよ」。何という言葉の力でしょうか。話を聞いていた力士は、現在も土俵で活躍しています。

●母国への愛

「両親を愛せない人が他の人を愛せるか？母国を愛せない人が日本を愛せるか？」

モンゴルから日本に国籍を移した横綱。消えることのない葛藤を受け止め、相撲道を行く覚悟を決めました。この言葉は、まだ国籍を移すかどうか決める以前に、テレビの取材で答えていた一言です。両親を愛するから、他の人を愛せる。モンゴルを愛するから、日本を愛せる。心には、いつも母国への愛があることがわかります。

●土俵は特別な場所

「(土俵には)人を成長させたり、人を試したり、いろんなものがあるんだよね。だから、自分との戦いでありながら、成長するところなんですね」

本場所で土俵に上がることで、勝ちや優勝のその先に、かけがえのないものがある。このことをよく知っているからこそ、横綱は努力を続けているのでしょう。

●相撲と人生の指針

「型を持って、型にこだわらない」

自分の相撲の型はあるけれど、固執はしない。ルーティンはあるけれど、こだわらない。今の最善がこれだと思っても、最後には変わるかもしれない。信念は持つが、柔軟な心を忘れない。相撲のみならず、横綱の生き方に重なる部分です。

本書に寄せて

白鵬翔

この本を手に取られるまで、ほとんどの方は、大庭先生のことをご存じなかったことでしょう。しかし、大庭先生は私にとって唯一無二の存在です。大庭先生がいなかったら、とっくの昔に土俵を去っていたに違いありません。

出会いは平成24年（2012年）、11月の九州です。当時、私は27歳。実は、それまで約2年、マッサージから遠ざかっていました。「せっかく鍛えた筋肉を柔らかくするのはもったいない。あんなのは年寄りのするものだ」――そう感じていたのです。しかし、その時はケガをしていて、お世話になっている方から「九州にいいトレーナーがいるから」と、大庭先生を紹介されました。

1場所限りという約束でみてもらい、ケガを乗り越えて14勝1敗で23回目の優勝。そんな結果以上に、私は大庭先生のマッサージを体が欲していると実感しました。横綱になって5年。自分の体に変わらぬ自信を持つ一方で、若い頃との違いを感じ始めてもいました。横綱土俵入りで足がつることもありました。大鵬さんの優勝32回をはじめ、目標として高くそびえる山を越え続けるためにも、体のケアが必要かもしれない――そうした思いが私の頭に生まれました。

そんな時、大庭先生から手紙が届きました。私の体をみて感じたことをまとめたレポートです。当時のマネジャー岩崎（悟）さん（宮城野部屋の元幕下岩《がん》海《かい》）に宛てたもので、私は詳しく読んでいませんが、そこには、私の体の問題点や、それを乗り越えるために必要なことが詳しく書かれていたそうです。1場所限りの約束なのに、真摯に私の体と向き合い、未来を考えてくれた。それが、変わりつつあった私の思いと重なり、1場所限りのはずの付き合いがその後も続きました。

それから9年。長く続いている大きな理由は、トレーナーとしての大庭先生の確かな技術です。私はさまざまな人にマッサージをしてもらってきた、いわば、体を触られるプロです。そんな中でも、大庭先生の腕はピカイチ。どうやら私の筋肉が、先生を好きになってしまったようです。

もう一つの理由は、大庭先生の真剣な姿勢です。マッサージをする時だけではなく、朝早く起きて稽古場に座り、私の体の様子に気を配り、ちょっとした変化に気付いてくれます。動画を撮影してそれを私に伝えてもくれます。そんな気配りが稽古に限らず、生活のあらゆる場面に及びます。私が相撲界では前代未聞の断食に挑戦した時には一緒に付き合ってもくれました。こうした積み重ねから、私の大庭先生への信頼は揺るぎないものになりました。

私は、39歳まで土俵を務めた「鉄人」の寺尾さん（元関脇、現錣山親方）から、「32歳からもう一つの時代が来る」と言われたことがあります。実際に私自身、31歳の頃、体の変化を感じました。体調の波が激しく、疲れがなかなか取れません。そんな時、寄り添ってくれたのが大庭先生です。一日1回だったマッサージが2回、3回と増え、地方場所では宿舎に泊まり込み、夜中でも体をみてくれます。そのおかげで、私は32歳からもう一つの時代を築くことができました。最近の横綱では千代の富士さんくらいでしょう。その千代の富士さんが生前、「白鵬のことを語れるのは俺くらい」とおっしゃっていたそうです。

相撲界では、力士が本音を漏らせるのは床山さんだといわれています。マゲを結っている間、愚痴や本音を受け止めてくれるのです。家族や同じ力士ではないからこそ、心を許して話せることもある。私にとって章（床蜂）さん（本名・加藤章）がそうでした。章さんが退職された今、付きっきりで私の体をみてくれる大庭先生は、私にとって同じように本音を漏らせる存在でもあります。「職人には神の知恵がある」——モンゴルに伝わることわざです。大庭先生にはこの言葉がぴったりです。そんな知恵を、ほかの力士や、相撲以外のあらゆるスポーツ選手たち、そしてすべての読者の方に伝えたい。この本がきっかけになってくれたらと願っています。

私は、もうすぐ36歳。休場が増えてはきましたが、残りの現役生活を全力で走り続ける覚悟です。土俵を去った後には、やがて私の記録も破られる日が来るでしょう。私は、そんな力士を自分の手で育てたい。それには、大庭先生の「神の知恵」が欠かせません。だから、大庭先生、これからも末永い付き合いのほど、よろしくお願いします。私はまだまだ、あなたのことが必要です。

白鵬 翔 はくほう・しょう

第69代横綱。本名・白鵬翔（帰化前はムンフバト・ダヴァジャルガル）。昭和60年（1985年）3月11日、モンゴル・ウランバートル市で生まれる。父はモンゴル相撲の横綱で国民的英雄。15歳の時に来日し、元幕内竹葉山の宮城野部屋に入門。平成13年（2001年）3月場所初土俵を踏み、16年（2004年）1月新十両、同年5月新入幕。17年（2005年）1月新小結、同年3月新関脇。18年（2006年）3月場所後に大関に昇進し、新大関の5月場所、14勝1敗で初優勝。19年（2007年）5月場所後に横綱に昇進すると、柔軟な足腰に支えられた右四つの相撲を磨いて圧倒的な強さを身につけ、優勝回数、通算勝利数、幕内勝利数など数々の史上最多記録を更新し、63連勝も記録する大横綱に。東日本大震災の際には率先して被災地を訪れ、また少年相撲大会「白鵬杯」を開催するなど、土俵の内外で横綱として相撲界を牽引する。優勝44回。三賞は殊勲賞3回、敢闘賞1回、技能賞2回。金星は朝青龍から1個。通算成績は1170勝246敗211休（118場所）。幕内成績は1076勝198敗211休（99場所）。192センチ、151キロ。得意は右四つ、寄り、上手投げ。家族は紗代子夫人と一男三女。

*成績はいずれも令和3年（2021年）1月場所終了現在。

大庭大業 おおば・ともなり

昭和53年（1978年）生まれ。福岡県北九州市出身。第69代横綱白鵬専属トレーナー（平成24年＜2012年＞11月～現在）。1年のうち130日以上、白鵬と寝食を共にし、その心身のケアに努めている。治療家、スポーツトレーナー、柔道整復師、鍼灸師。スポーツトレーナー歴は20年を超え、プロゴルフ選手、プロ野球選手や格闘家など、さまざまなトップアスリートのサポート実績もある。東京と北九州に治療院を経営。

白鵬と著者

白鵬《はくほう》の脳内理論《のうないりろん》

9年密着《ねんみっちゃく》のトレーナーが明《あ》かす「超一流《ちょういちりゅう》の流儀《りゅうぎ》」

2021年3月6日　第1版第1刷発行

監　修　白鵬 翔《はくほうしょう》

著　者　大庭大業《おおばともなり》

発行人　池田哲雄

発行所　株式会社ベースボール・マガジン社
〒103-8482 東京都中央区日本橋浜町2-61-9　TIE浜町ビル
電話 03-5643-3930（販売部）
03-5643-3885（出版部）
振替口座 00180-6-46620
https://www.bbm-japan.com/

印刷 製本　大日本印刷株式会社

Printed in Japan
ISBN978-4-583-11325-8　C0075